Angelika Stauffer

Beschäftigtendatenschutz: Gezielte Videoüberwachung am Arbeitsplatz

Angelika Stauffer

Beschäftigtendatenschutz: Gezielte Videoüberwachung am Arbeitsplatz

Saarbrücker Verlag für Rechtswissenschaften

Impressum / Imprint
Bibliografische Information der Deutschen Nationalbibliothek: Die Deutsche
Nationalbibliothek verzeichnet diese Publikation in der Deutschen Nationalbibliografie;
detaillierte bibliografische Daten sind im Internet über http://dnb.d-nb.de abrufbar.
Alle in diesem Buch genannten Marken und Produktnamen unterliegen warenzeichen-,
marken- oder patentrechtlichem Schutz bzw. sind Warenzeichen oder eingetragene
Warenzeichen der jeweiligen Inhaber. Die Wiedergabe von Marken, Produktnamen,
Gebrauchsnamen, Handelsnamen, Warenbezeichnungen u.s.w. in diesem Werk berechtigt
auch ohne besondere Kennzeichnung nicht zu der Annahme, dass solche Namen im Sinne
der Warenzeichen- und Markenschutzgesetzgebung als frei zu betrachten wären und
daher von jedermann benutzt werden dürften.

Bibliographic information published by the Deutsche Nationalbibliothek: The Deutsche
Nationalbibliothek lists this publication in the Deutsche Nationalbibliografie; detailed
bibliographic data are available in the Internet at http://dnb.d-nb.de.
Any brand names and product names mentioned in this book are subject to trademark,
brand or patent protection and are trademarks or registered trademarks of their respective
holders. The use of brand names, product names, common names, trade names, product
descriptions etc. even without a particular marking in this work is in no way to be
construed to mean that such names may be regarded as unrestricted in respect of
trademark and brand protection legislation and could thus be used by anyone.

Coverbild / Cover image: www.ingimage.com

Verlag / Publisher:
Der Saarbrücker Verlag für Rechtswissenschaften
ist ein Imprint der / is a trademark of
OmniScriptum GmbH & Co. KG
Heinrich-Böcking-Str. 6-8, 66121 Saarbrücken, Deutschland / Germany
Email: info@svr-verlag.de

Herstellung: siehe letzte Seite /
Printed at: see last page
ISBN: 978-3-86194-176-7

Copyright © 2014 OmniScriptum GmbH & Co. KG
Alle Rechte vorbehalten. / All rights reserved. Saarbrücken 2014

Inhaltsverzeichnis

Abkürzungsverzeichnis 5

A. Zur Praxisrelevanz der Videoüberwachung am Arbeitsplatz 7

B. Ein Überblick über aktuelle Entwicklungen im Bereich der Videotechnik 8

C. Grundlegende Überlegungen zur Implementierung von Videoüberwachungsanlagen im Beschäftigungskontext 11

    I. Motive und Interessen des Arbeitgebers 11

    II. Entgegenstehende Interessen und Rechtspositionen der Beschäftigten 12

    III. Anwendbarkeit der Grundrechte 14

    IV. Vorgaben für die Interessenabwägung 14

D. Das Bundesdatenschutzgesetz als rechtlicher Rahmen für den Umgang mit personenbezogenen Daten 16

    I. Der Anwendungsbereich des BDSG 16

        1. Personenbezogene Daten des Betroffenen 17

        2. Erheben, Verarbeiten und Nutzen 19

        3. Nicht-öffentliche Stellen 21

        4. Einsatz von Datenverarbeitungsanlagen oder nicht automatisierten Dateien ... 22

            a) Der Einsatz von Datenverarbeitungsanlagen 22

            b) Die nicht automatisierte Datei 24

        5. Ergebnis 26

    II. Zulässigkeit der Datenerhebung, -verarbeitung und -nutzung gem. § 4 Abs. 1 BDSG 26

E. Die Videoüberwachung in öffentlich zugänglichen Räumen 28

    I. Die offene Videoüberwachung 29

        1. Datenerhebung nach § 6b Abs. 1 BDSG 29

            a) Beobachtung mittels optisch-elektronischer Einrichtungen (Videoüberwachung) 29

                aa) Begriffsdefinition 29

                bb) Beobachtung als Datenerhebung 31

                cc) Die Datenerhebung des § 6b Abs. 1 BDSG in der Systematik des Bundesdatenschutzgesetzes 33

b)	Öffentlich zugängliche Räume	35
c)	Zweckbindung	36
	aa) Wahrnehmung des Hausrechts	37
	bb) Wahrnehmung berechtigter Interessen für konkret festgelegte Zwecke	37
d)	Erforderlichkeit	39
e)	Schutzwürdige Interessen der Betroffenen	40
2.	Hinweispflicht gem. § 6b Abs. 2 BDSG	41
3.	Datenverarbeitung und -nutzung gem. § 6b Abs. 3 BDSG	42
a)	Zweckbindung gem. § 6b Abs. 3 S. 1 BDSG	42
b)	Nachträgliche Zweckänderung gem. § 6b Abs. 3 S. 2 BDSG	43
4.	Weitere Verfahrensvorgaben gem. § 6b Abs. 4, 5 BDSG	44
a)	Benachrichtigungspflicht	44
b)	Löschpflicht	46
5.	Ergebnisse	47
II.	Die heimliche Videoüberwachung	48
1.	Heimliche Videoüberwachung im Kontext des Direkterhebungsgebots: § 6b BDSG als Rechtsgrundlage	49
2.	Zusätzliche Zulässigkeitsvoraussetzungen	51
3.	Ergebnisse	52
F.	Die Videoüberwachung in nicht öffentlich zugänglichen Räumen	53
I.	Die offene Videoüberwachung	53
1.	Keine analoge Anwendung von § 6b BDSG	53
2.	§ 32 BDSG als Rechtsgrundlage	54
3.	Videoüberwachung im regulären Verlauf eines Beschäftigungsverhältnisses, § 32 Abs. 1 S. 1 BDSG	56
a)	Zwecke des Beschäftigungsverhältnisses	56
b)	Rechtfertigung der Videoüberwachung	57
4.	Aufdeckung von Straftaten, § 32 Abs. 1 S. 2 BDSG	59
a)	Die im Beschäftigungsverhältnis begangene Straftat	59

	b) Begründeter Verdacht gegen den Betroffenen	60
	c) Zu dokumentierende tatsächliche Anhaltspunkte	61
	d) Erforderlichkeit, Interessenabwägung und Verhältnismäßigkeit	61
5.	Ergebnisse	62
II.	Die heimliche Videoüberwachung	63
1.	§ 32 BDSG als Rechtsgrundlage	63
2.	Zusätzliche Zulässigkeitsvoraussetzungen	64
3.	Ergebnisse	65
G.	Die prozessuale Verwertbarkeit von Videoaufnahmen	65
I.	Beweisverwertung im Prozess nach dem Bundesdatenschutzgesetz	65
II.	Die Interessenabwägung als Maßstab für die prozessuale Verwertbarkeit	66
III.	Beweisverwertungsverbote	68
1.	Verwertungsverbot unzulässig erhobener Aufnahmen	68
2.	Verwertungsverbot wegen verletzter Mitbestimmungsrechte	70
IV.	Verwertungsverbot des Sachvortrags	72
V.	Ergebnisse	76
H.	Die Rechte und Ansprüche des Betroffenen – Ein Abriss	76
I.	Die Benachrichtigung des Betroffenen	77
1.	Unterrichtungspflicht gem. § 4 Abs. 3 S. 1 BDSG bei Datenerhebung mit Kenntnis des Betroffenen	77
2.	Benachrichtigungspflicht gem. § 33 BDSG bei Datenspeicherung ohne Kenntnis des Betroffenen	79
II.	Die Auskunft an den Betroffenen gem. § 34 BDSG	79
III.	Die Berichtigung, Löschung und Sperrung von Daten sowie der Widerspruch des Betroffenen gem. § 35 BDSG	81
1.	Berichtigung gem. § 35 Abs. 1 BDSG	81
2.	Löschung gem. § 35 Abs. 2 BDSG	82
3.	Sperrung gem. § 35 Abs. 3-4a, 8 BDSG	84
4.	Widerspruch des Betroffenen gem. § 35 Abs. 5 BDSG	85

    IV.   Die Ansprüche des Betroffenen bei rechtswidriger Überwachung 86

I.   Kontrollmechanismen des Bundesdatenschutzgesetzes 88

    I.   Der Datenschutzbeauftragte, §§ 4f, 4g BDSG 88

    II.   Die Aufsichtsbehörde, § 38 BDSG 90

    III.   Bußgeld – und Strafvorschriften, §§ 43, 44 BDSG 91

J.   Fazit 93

K.   Ausblick auf die Datenschutz-Grundverordnung der EU 95

Literaturverzeichnis 98

Abkürzungsverzeichnis

a. A.	andere Auffassung/Ansicht
Abs.	Absatz
Art., Artt.	Artikel (Sing., Pl.)
BAG	Bundesarbeitsgericht
BB	Betriebs-Berater
BDSG	Bundesdatenschutzgesetz
BDSG-E	Entwurf des Bundesdatenschutzgesetzes
BetrVG	Betriebsverfassungsgesetz
BGB	Bürgerliches Gesetzbuch
BT-Drs.	Bundestagsdrucksache
BVerfG	Bundesverfassungsgericht
bzgl.	bezüglich
bzw.	beziehungsweise
ca.	circa
DB	Der Betrieb
d. h.	das heißt
DS-GVO-E	Entwurf der Datenschutz-Grundverordnung
DuD	Datenschutz und Datensicherheit
EDV	elektronische Datenverarbeitung
EU	Europäische Union
f., ff.	folgende, fortfolgende
gem.	gemäß
GG	Grundgesetz
ggf.	gegebenenfalls
Hrsg.	Herausgeber
h. M.	herrschende Meinung
i. d. R.	in der Regel
i. S. v.	im Sinne von
i. V. m.	in Verbindung mit
LIBE	Ausschuss für Bürgerliche Freiheiten, Justiz und Inneres des Europäischen Parlaments
NJW	Neue Juristische Wochenschrift
NZA	Neue Zeitschrift für Arbeitsrecht
Mio.	Millionen
Mrd.	Milliarden
MMR	MultiMedia und Recht
m. w. Bsp.	mit weiteren Beispielen
m. w. N.	mit weiteren Nachweisen
RdA	Recht der Arbeit
RDV	Recht der Datenverarbeitung
Rn.	Randnummer, Randnummern
S.	Satz
TB	Tätigkeitsbericht
u. a.	unter anderem

ULD Schleswig-Holstein	Unabhängiges Landeszentrum für Datenschutz Schleswig-Holstein
u. U.	unter Umständen
vgl.	vergleiche
z. B.	zum Beispiel
ZPO	Zivilprozessordnung

A. Zur Praxisrelevanz der Videoüberwachung am Arbeitsplatz

In den Zeiten der Skandale um NSA, ACTA und diverse Hackerangriffe oder Sicherheitslücken bei bekannten Unternehmen wie PayPal[1] oder Vodafone[2] stellt sich die Frage, wie sicher die eigenen Daten sind und ob der Einzelne selbst überhaupt noch Überblick und Kontrolle über deren Verwendung hat.

Nicht nur die vorgenannten, öffentlichkeitswirksamen Vorgänge zeigen die Bedeutung der Frage nach dem Schutz der eigenen Daten. Insbesondere der Teilbereich des Beschäftigtendatenschutzes ist von enormer Tragweite: Fast jeder kommt in seinem Alltag – als Arbeitgeber oder als Beschäftigter, bewusst oder unbewusst – mit ihm in Berührung. Verdeutlicht wird die Bedeutung durch den Aufruhr, der Anfang 2013 über die geplanten Änderungen[3] der schwarz-gelben Koalition durch die deutschen Medien ging. Es hieß, dass Arbeitnehmer zwar nicht mehr heimlich gefilmt werden dürfen, aber die Zulässigkeit der offenen Videoüberwachung ausgeweitet werde.[4] Dieser Gesetzentwurf ist mittlerweile verworfen worden.[5]

Der Begriff der heimlichen oder verdeckten Videoüberwachung wird in erster Linie mit den Datenskandalen der letzten Jahre in Verbindung gebracht. Sind doch bei Lidl[6] systematisch Mitarbeiter überwacht und damit nicht nur Fehlverhalten und Leistungen dokumentiert worden, sondern auch Toilettengänge, Liebesbeziehungen und Charakterzüge. Aldi[7] und Penny[8] machten vor wenigen Monaten mit Ähnlichem Schlagzeilen. Gerade solche Fälle und die Reaktionen darauf zeigen die Brisanz dieser Thematik und stellen die bisherigen Gesetzestexte in Frage.

---

[1] *Biermann*, ZEIT ONLINE v. 18.9.2013.
[2] *Sagatz*, DER TAGESSPIEGEL v. 12.9.2013.
[3] RegE, Beschäftigtendatenschutz, 15.12.2010, BT-Drs. 17/4230.
[4] So als Erste: *Jahn/Budras*, FAZ v. 12.1.2013.
[5] Vgl. *Jahn*, FAZ v. 29.1.2013.
[6] *Grill/Arnsperger*, stern.de v. 15.12.2008; weiterführende Details können unter
    https://www.datenschutzzentrum.de/presse/20080911-bw-lidl-bussgeldverfahren.pdf abgerufen werden.
[7] *Amann/Tietz*, DER SPIEGEL vom 7.1.2013.
[8] SPIEGEL ONLINE v. 29.4.2013.

Im Verlauf der vorliegenden Arbeit erfolgt angesichts dieses Hintergrundes eine Darstellung der heutigen Rechtslage und eine Untersuchung, ob die bisherigen Datenschutzregelungen zur gezielten Mitarbeiterüberwachungen ausreichend oder doch eher lückenhaft sind. Zunächst wird ein allgemeiner Überblick über die aktuellen technischen Entwicklungen gegeben, sodann werden Ausgangsüberlegungen für die Implementierung einer Videoüberwachung im Beschäftigungskontext dargestellt und der rechtliche Rahmen für den Umgang mit personenbezogenen Daten abgesteckt. Anschließend wird die Zulässigkeit der Videoüberwachung in verschiedenen Konstellationen betrachtet, um danach auf die Verwendung der erhobenen Daten im Prozess einzugehen. Auch die Rechte und Ansprüche der Betroffenen und die im Bundesdatenschutzgesetz vorgesehenen Kontrollmechanismen zur Einhaltung der Vorschriften werden beleuchtet. Im Fokus der Untersuchungen steht die gezielte Beschäftigtenüberwachung durch private Arbeitgeber zur Leistungskontrolle und im Zusammenhang mit Straftaten. Dem Stand der Technik entsprechend wird ausschließlich die digitale Videotechnik betrachtet.

B. Ein Überblick über aktuelle Entwicklungen im Bereich der Videotechnik

Die Entwicklung der Videotechnologie kann jeder in seinem täglichen Leben mitverfolgen. Binnen weniger Jahre, manchmal Monate kommen in diesem Bereich neue, deutlich weiterentwickelte Produkte auf den Markt. Waren vor gut 15 Jahre noch analoge Magnetbandkassetten das Speichermedium in den verbreiteten Consumer-Camcordern, so können mittlerweile fast beliebige Alltagsgegenstände wie Handy/Smartphones, Fotoapparate sogar Uhren, Brillen und Kugelschreiber digitale HD-Aufnahmen liefern – und das im Preissegment deutlich unter 100 €[9]. Es kann also festgestellt werden, dass die Geräte, nicht nur technisch mehr Möglichkeiten bieten, sich die Qualität verbessert hat, die Bedienung und

---

[9] Vgl. dazu das Angebot z. B. auf www.pearl.de oder www.amazon.de für die Stichworte „Video Kugelschreiber" u. ä.

Verwendung der Aufnahmen erleichtert bzw. intuitiver gestaltet wurde und die Geräte kleiner werden, sondern dass diese auch mehr und mehr in den Alltag und die tägliche Nutzung integriert werden (können). Dazu kommt eine kostengünstige Anschaffung.

Es verwundert also nicht, dass diese Technologie immer mehr Verbreitung findet.[10] Ein kurioses Beispiel[11] belegt dies: In einer Bäckerei wurden mehrere Videokameras installiert, um ausschließlich Kuchen und Brote zu überwachen. Der Ladenbesitzer versprach sich dadurch die ansprechende Gestaltung der Warenauslage besser kontrollieren zu können. Auch in vielen anderen Geschäften werden Videokameras eingesetzt, allerdings zur Überwachung von Menschen: in Kaufhäusern, Einzelhandelsgeschäften und Supermärkten, Cafés, Gaststätten und Hotels, Geldinstituten, Tankstellen, Parkhäusern, Kinos, Hauseingängen und an Fassaden sowie in Wohnanlagen.[12] Folglich ist es fast unmöglich, an einem Tag nicht gefilmt zu werden. Mitarbeiter in solchen Geschäften sind diesem Überwachungsdruck noch viel stärker ausgesetzt als Kunden. Vor allem Funktionen wie Zoomen, Lichtempfindlichkeit oder Infrarotaufnahmen, automatische Kameranachführung (Tracking), Schwenk- und Neigemechanismen, Objekt- und Gesichtserkennung erschweren es dem Mitarbeiter, sich dem Überwachungsdruck wirksam zu entziehen.[13]

Ein besonders kritisch zu betrachtendes Kameramodell sind sogenannte Dome-Kameras. Die Kameras sind hinter getönten Plastikkuppeln verborgen und daher unauffällig, beinahe ästhetisch. Durch die Kuppel sind sie besonders robust, so dass sie vor Vandalismus, Defokussierung und Neuausrichtung geschützt sind.[14] Es ist schwierig, um nicht zu sagen unmöglich, ihre Ausrichtung und den Blickwinkel, den

---

[10] Für 2003 wurde die Zahl der Videokameras mit 400.000 im Bundesgebiet angegeben. So ULD Schleswig-Holstein, 26. TB 2004, 5.10, 80. Diese dürfte inzwischen noch gestiegen sein.
[11] ULD Schleswig-Holstein, 34. TB 2013, 5.9.11, 94.
[12] *Scholz*, in: Simitis, BDSG, § 6b, Rn. 9.
[13] Vgl. *Scholz*, in: Simitis, BDSG, § 6b, Rn. 13, 15.
[14] Siehe dazu beispielhaft die Kategoriebeschreibung der festen Dome-Kameras von Axis: http://www.axis.com/de/products/video/camera/fixed_domes/.

sie erfassen, einzuschätzen. Bei einigen Modellen liegt dieser sogar bei 360 Grad.[15] Bei einem solchen Blickwinkel wird schnell klar, dass beispielsweise Kameras in den Eingangsbereichen von Kaufhäusern auch Teile von Straßen, Hausfassaden und evtl. sogar Fenster- und Balkonbereiche von anderen Gebäuden erfassen können. Um in solchen Szenarien Gesetzesverstöße zu vermeiden und die geforderte Datensparsamkeit gem. § 3a BDSG zu gewährleisten, können Privatzonen-Maskierungen[16] eingerichtet werden. Diese schwärzen, verpixeln oder verhindern – abhängig von Kameramodell und -einstellungen[17] – Aufnahmen bestimmter, unzulässiger Bereiche.

Die sich weiterentwickelnde Kameratechnik wird teilweise aber auch als Potenzial für einen geringeren Eingriff in die Privatsphäre verstanden. Eine Möglichkeit ist ein sogenanntes Black-Box-System: Bei diesem findet für eine bestimmte Dauer eine Speicherung der Aufnahmen statt, diese werden allerdings nur angesehen, wenn es Anlass dazu gibt, andernfalls werden sie gelöscht.[18] Bei sogenannten „Intelligenten Kamerasystemen", die u. a. Gesichter erkennen und Personen verfolgen können, wird argumentiert, dass diese im Rahmen eines mehrstufigen Systems die Privatsphäre der gefilmten Personen besser schützen können.[19] In einer ersten Stufe würden alle Personen anonymisiert und ihr Verhalten vom Kamerasystem oder von Aufsichtspersonen auf Auffälligkeiten untersucht werden.[20] Wurde ein auffälliges Verhalten festgestellt, so wird die Person auf ihrem Weg verfolgt, allerdings ohne die Preisgabe ihrer Identität.[21] Droht eine Gefahr oder ist eine Beweissicherung nötig, so kann die Person in einer dritten Stufe genauer identifiziert werden.[22] Inwiefern sich

---

[15] So z. B. bei einigen Modellen der M30-Serie von Axis: http://www.axis.com/de/products/m30_series/index.htm.
[16] Vgl. Produktbeschreibung: http://www.argovision.de/index.php/de/home/1-latest/377-privatzonen-maskierung-bei-analogen-und-digitalen-videosignalen.
[17] Beispielhaft PRIMA-S und PRIMA-P von funkwerk videosysteme: http://www.funkwerk-vs.com/index.php/de/produkte/videobildanalyse/privatzonen-maskierung.
[18] Vgl. *Scholz*, in: Simitis, BDSG, § 6b, Rn. 118.
[19] *Winkler*, DuD 2011, 797, 800; *Roßnagel/Desoi/Hornung*, DuD 2011, 694, 695.
[20] *Roßnagel/Desoi/Hornung*, DuD 2011, 694, 695.
[21] *Roßnagel/Desoi/Hornung*, DuD 2011, 694, 695f.
[22] *Roßnagel/Desoi/Hornung*, DuD 2011, 694, 695.

der erhoffte Erfolg bewahrheitet oder sich Missbrauchsmöglichkeiten auftun, bleibt abzuwarten.

C. Grundlegende Überlegungen zur Implementierung von Videoüberwachungsanlagen im Beschäftigungskontext

Vor dem Hintergrund von Fällen wie bei Vodafone, in denen ein Insider verdächtigt wird, Kundendaten entwendet zu haben[23], stellt sich die Frage, ob nicht die Videoüberwachung zur Verhinderung oder Aufklärung solcher Taten beitragen kann.

I. Motive und Interessen des Arbeitgebers

Die Beweggründe des Arbeitgebers für eine Beschäftigtenüberwachung können vielfältig sein. Die öffentlichkeitswirksamen Fälle mögen zwar eher auf anstößige Motive wie die gezielte Ausspionierung der Privat- und Intimsphäre von Mitarbeitern hindeuten, in der Regel liegen der Videoüberwachung aber gewichtige Interessen zu Grunde. In der Praxis geht es dem Arbeitgeber meist um den Schutz seines Unternehmens.

So kann dem Arbeitgeber an der Abwehr von Wirtschaftskriminalität[24] wie Diebstahl, Bestechlichkeit oder Geheimnisverrat gelegen sein, da sie teilweise erheblichen finanziellen Schaden im Unternehmen anrichtet. Zudem müssen Geschäftsleitung, Inhaber und andere Entscheidungsträger ausreichend dafür Sorge tragen, Ordnungswidrigkeiten und Straftaten in ihrem Unternehmen zu verhindern, um ihre eigene Haftung zu vermeiden.[25]

---

[23] *Sagatz*, DER TAGESSPIEGEL v. 12.9.2013.
[24] Laut der CORPORATE TRUST Business Risk & Crisis Management GmbH, Studie: Industriespionage 2012, 8 betraf beispielsweise die Industriespionage im besagten Jahr gut ein Fünftel aller befragten, deutschen Unternehmen. In weiteren 33,2 % der Unternehmen gab es Verdachtsmomente, die nicht konkretisiert oder belegt werden konnten. Der Gesamtschaden belief sich ca. auf 4,2 Mrd. Euro. In fast der Hälfte aller Fälle waren Mitarbeiter bewusst daran beteiligt. Zusammen mit den „unbewussten" Fällen ergibt das eine Mitarbeiterbeteiligung an der Spionage von über 70 %.
[25] Ausführlich *Maschmann*, NZA-Beilage 2012, 50, 50.

Ein weiteres Motiv für die Überwachung kann die Leistungskontrolle der Beschäftigten sein. Jeder Arbeitgeber hat Interesse an sowohl effektiver als auch effizienter Nutzung seiner personellen Ressourcen. Minder- oder Schlechtleistung können sich schließlich ebenfalls finanziell negativ auswirken.

Dass die deutsche Rechtsordnung das Schutzbedürfnis des Arbeitgebers als gewichtig erachtet, zeigt sich daran, dass es grundrechtlich erfasst wird. Die wirtschaftliche Handlungsfreiheit (Art. 2 Abs. 1 GG), die Berufsfreiheit (Art. 12 Abs. 1 GG) und die Garantie des Eigentums (Art. 14 Abs. 1 GG) spiegeln das wider.[26]

Diese erläuterten Interessen der Aufklärung oder Prävention von Straftaten und Leistungsüberwachung stehen im Fokus der Arbeit. Daneben kann es vorkommen, dass Mitarbeiter nicht gezielt, sondern zufällig überwacht werden. So kann es zu Aufzeichnungen kommen, wenn die Kameras z. B. Ladendiebstähle durch Kunden vermeiden sollen.

II. Entgegenstehende Interessen und Rechtspositionen der Beschäftigten

Doch auch die Beschäftigten haben bedeutende Interessen und sie schützende Rechte. Diese können den Interessen des Arbeitgebers entgegenstehen.

Grundrechtlich wird der Beschäftigte durch Art. 2 Abs. 1 GG i. V. m. Art. 1 Abs. 1 GG geschützt, aus dem das sog. informationelle Selbstbestimmungsrecht[27] abgeleitet wird.[28] Dieses Grundrecht soll gewährleisten, dass der Einzelne selbst über die Preisgabe und Verwendung seiner persönlichen Daten bestimmen und somit die Entscheidungsbefugnis, wann und innerhalb welcher Grenzen er persönliche

---

[26] Vgl. *Tinnefeld/Petri/Brink*, MMR 2010, 727, 728.
[27] Auch Grundrecht auf Datenschutz genannt.
[28] *Polenz*, in: Kilian/Heussen, Computerrecht, 1. Abschnitt, Teil 13, Verfassungsrechtliche Grundlagen des Datenschutzes, Rn. 1a, 2.

Lebenssachverhalte offenbart, ausüben kann.[29] In seinem Volkszählungsurteil[30] führt das Bundesverfassungsgericht dazu detailliert aus:

„Individuelle Selbstbestimmung setzt aber – auch unter den Bedingungen moderner Informationsverarbeitungstechnologien – voraus, da[ss] dem [E]inzelnen Entscheidungsfreiheit über vorzunehmende oder zu unterlassende Handlungen einschließlich der Möglichkeit gegeben ist, sich auch entsprechend dieser Entscheidung tatsächlich zu verhalten. Wer nicht mit hinreichender Sicherheit überschauen kann, welche ihn betreffende[n] Informationen in bestimmten Bereichen seiner sozialen Umwelt bekannt sind, und wer das Wissen möglicher Kommunikationspartner nicht einigermaßen abzuschätzen vermag, kann in seiner Freiheit wesentlich gehemmt werden, aus eigener Selbstbestimmung zu planen oder zu entscheiden. […] Wer unsicher ist, ob abweichende Verhaltensweisen jederzeit notiert und als Information dauerhaft gespeichert, verwendet oder weitergegeben werden, wird versuchen, nicht durch solche Verhaltensweisen aufzufallen."

Leitet der Arbeitgeber Videoüberwachungsmaßnahmen ein, so wird der Beschäftigte diesem Überwachungsdruck nachgeben und aus Angst vor negativen Konsequenzen sein sonst selbst bestimmtes Verhalten anpassen. Durch eine entsprechende Maßnahme liegt ein Eingriff in das Recht auf informationelle Selbstbestimmung vor. Dieser Eingriff wiegt bei einer heimlichen Überwachung umso schwerer, da dem Beschäftigten jede Möglichkeit zur Verhaltensanpassung entzogen wird und ihm Rechtschutzmöglichkeiten erschwert[31] werden.

Zusätzlich zum Grundrecht auf Datenschutz können sowohl das Recht am eigenen Bild als auch das Recht am eigenen/gesprochenen Wort[32] als Schutzrechte in Betracht

---

[29] *Polenz*, in: Kilian/Heussen, Computerrecht, 1. Abschnitt, Teil 13, Verfassungsrechtliche Grundlagen des Datenschutzes, Rn. 5.
[30] BVerfG, Urt. v. 15.12.1983, 1 BvR 209, 269, 362, 420, 440, 484/83, NJW 1984, 419, 422.
[31] BAG, Beschl. v. 26.8.2008, 1 ABR 16/07, Rn. 21, NZA 2008, 1187, 1190.
[32] Dies ist abhängig davon, ob die Kameraanlage auch Ton aufzeichnen kann.

kommen.[33] Beide sind ebenfalls Ausprägungen des allgemeinen Persönlichkeitsrechts gem. Art. 2 Abs. 1 i. V. m. Art. 1 Abs. 1 GG.[34] Auf diese soll jedoch in diesem Rahmen nicht weiter eingegangen werden.

III. Anwendbarkeit der Grundrechte

Die Rechte der Beschäftigten und Arbeitgeber finden als Grundrechte zwischen Privaten zwar keine direkte Anwendung, da sie den Einzelnen grundsätzlich vor staatlichen Eingriffen schützen[35] sollen. Sie entfalten aber auch im Privatrechtsverkehr und insbesondere im Arbeitsverhältnis[36] Wirkung bei der Anwendung und Auslegung[37] datenschutzrechtlicher Vorschriften zugunsten der einen oder anderen Partei. Insbesondere Gerichte haben dies in Prozessen zu beachten.[38]

IV. Vorgaben für die Interessenabwägung

Um herauszufinden, welche der widerstreitenden Positionen den Vorrang hat, muss eine Interessen- bzw. Güterabwägung vorgenommen werden.[39] Da diese bezogen auf den Einzelfall zu erfolgen hat, kann nicht generell einer Rechtsposition oder Interessenlage der Vorrang gegeben werden.[40] Angesichts der Gewichtigkeit der jeweiligen Grundrechte ist für alle Phasen der Videoüberwachungsmaßnahme, beginnend bei der Datenerhebung bis hin zur prozessualen Verwertung der Daten,

---

[33] *Grimm/Schiefer*, RdA 2009, 329, 330; vgl. BAG, Beschl. v. 26.8.2008, 1 ABR 16/07, Rn. 14f., NZA 2008, 1187, 1189.
[34] *Grimm/Schiefer*, RdA 2009, 329, 330; vgl. BAG, Beschl. v. 26.8.2008, 1 ABR 16/07, Rn. 14f., NZA 2008, 1187, 1189.
[35] Vgl. *Polenz*, in: Kilian/Heussen, Computerrecht, 1. Abschnitt, Teil 13, Verfassungsrechtliche Grundlagen des Datenschutzes, Rn. 8.
[36] BAG, Urt. v. 21.6.2012, 2 AZR 153/11, Rn. 30, NZA 2012, 1025, 1028.
[37] *Polenz*, in: Kilian/Heussen, Computerrecht, 1. Abschnitt, Teil 13, Verfassungsrechtliche Grundlagen des Datenschutzes, Rn. 8; BVerfG, Beschl. v. 11.6.1991, 1 BvR 239/90, NJW 1991, 2411, 2411f.
[38] Die Gerichte – als staatliche Hoheitsgewalt Ausübende – sind nach Art. 1 Abs. 3 GG an die Grundrechte gebunden und zu einer rechtsstaatlichen Verfahrensgestaltung verpflichtet: BAG, Urt. v. 16.12.2010, 2 AZR 485/08, Rn. 31, NZA 2011, 571, 573; BAG, Urt. v. 21.6.2012, 2 AZR 153/11, Rn. 28, NZA 2012, 1025, 1027; BVerfG, Beschl. v. 11.6.1991, 1 BvR 239/90, NJW 1991, 2411, 2411f.
[39] BAG, Urt. v. 21.6.2012, 2 AZR 153/11, Rn. 30, NZA 2012, 1025, 1028.
[40] BAG, Beschl. v. 29.6.2004, 1 ABR 21/03, NJW 2005, 313, 315; BAG, Urt. v. 21.6.2012, 2 AZR 153/11, Rn. 30, NZA 2012, 1025, 1028.

jeweils eine separate Interessenabwägung[41] der widerstreitenden Positionen vorzunehmen.

Die Abwägung wird nach Maßgabe des Verhältnismäßigkeitsgrundsatzes durchgeführt: Es wird also geprüft, ob die jeweilige Handlung z. B. eine Datenerhebung geeignet, erforderlich und unter Berücksichtigung der Beschäftigtenrechte angemessen ist, um den angestrebten Zweck zu erreichen.[42] Kann mit der Videoüberwachung der angestrebte Zweck z. B. die Leistungsüberwachung gefördert werden, so ist sie *geeignet*.[43] *Erforderlich* ist sie, wenn kein anderes, gleich wirksames und das Persönlichkeitsrecht weniger einschränkendes Mittel zur Verfügung steht.[44] Zu solchen alternativen, milderen Mitteln können Zeugenaussagen oder Urkundenbeweise zählen. Bei der *Angemessenheitsprüfung* oder auch Verhältnismäßigkeitsprüfung im engeren Sinne kommt es auf die Gesamtabwägung zwischen der Intensität des Eingriffs und dem Gewicht der ihn rechtfertigenden Gründe an.[45] Beurteilungskriterien können dabei sein: Die Anzahl und Verdächtigkeit der überwachten Personen, die Intensität der Beeinträchtigung, Identifizierbarkeit der Betroffenen, Umstände und Inhalte der Kommunikation, drohende und realistische Nachteile aus der Überwachungsmaßnahme sowie deren Art, Dauer und Ort; auch die Heimlichkeit bzw. Kenntnis der Mitarbeiter von der Maßnahme spielt eine Rolle.[46] Ebenso müssen die technische Ausgestaltung und die Funktionalitäten der Videokamera wie

---

[41] Vgl. *Grimm/Schiefer*, RdA 2009, 329, 340; vgl. BAG, Urt. v. 16.12.2010, 2 AZR 485/08, Rn. 31, NZA 2011, 571, 573.
[42] BAG, Beschl. v. 29.6.2004, 1 ABR 21/03, NJW 2005, 313, 314; BAG, Beschl. v. 26.8.2008, 1 ABR 16/07, Rn. 18, NZA 2008, 1187, 1190.
[43] Vgl. BAG, Beschl. v. 29.6.2004, 1 ABR 21/03, NJW 2005, 313, 314; BAG, Beschl. v. 26.8.2008, 1 ABR 16/07, Rn. 19, NZA 2008, 1187, 1190.
[44] BAG, Beschl. v. 29.6.2004, 1 ABR 21/03, NJW 2005, 313, 315; BAG, Beschl. v. 26.8.2008, 1 ABR 16/07, Rn. 20, NZA 2008, 1187, 1190.
[45] BAG, Beschl. v. 29.6.2004, 1 ABR 21/03, NJW 2005, 313, 315; BAG, Beschl. v. 26.8.2008, 1 ABR 16/07, Rn. 21, NZA 2008, 1187, 1190.
[46] BAG, Beschl. v. 29.6.2004, 1 ABR 21/03, NJW 2005, 313, 315; BAG, Beschl. v. 26.8.2008, 1 ABR 16/07, Rn. 21, NZA 2008, 1187, 1190.

Zoomfähigkeit, Auflösung oder Schwenkbarkeit in die Beurteilung einbezogen werden.[47]

D. Das Bundesdatenschutzgesetz als rechtlicher Rahmen für den Umgang mit personenbezogenen Daten

Den rechtlichen Rahmen für die Videoüberwachung von Beschäftigten könnte im hier untersuchten Bereich neben den schon angesprochenen Grundrechten das Bundesdatenschutzgesetz bilden. Zweck dieses Gesetzes ist es gem. § 1 Abs. 1 BDSG den Einzelnen – den Beschäftigten – davor zu schützen, dass er durch den Umgang mit seinen personenbezogenen Daten in seinem Persönlichkeitsrecht beeinträchtigt wird. Gemeint ist das bereits dargestellte Recht auf informationelle Selbstbestimmung.[48]

I. Der Anwendungsbereich des BDSG

Das Gesetz gilt gem. § 1 Abs. 2 Nr. 3 BDSG für die Erhebung, Verarbeitung und Nutzung personenbezogener Daten durch nicht-öffentliche[49] Stellen, soweit sie die Daten unter Einsatz von Datenverarbeitungsanlagen verarbeiten, nutzen oder dafür erheben oder die Daten in oder aus nicht automatisierten Dateien verarbeiten, nutzen oder dafür erheben, es sei denn, die Erhebung, Verarbeitung oder Nutzung erfolgt ausschließlich für persönliche oder familiäre Tätigkeiten. Die Frage nach dem persönlichen und familiären Bezug stellt sich bei einer Videoüberwachung zur Leistungsüberwachung oder im Zusammenhang mit Straftaten am Arbeitsplatz allerdings nicht, so dass die Anwendbarkeit des BDSG nicht aus diesen Gründen ausgeschlossen ist.

---

[47] *Byers/Pracka*, BB 2013, 760, 760.
[48] Vgl. dazu *Gola/Schomerus*, in: Gola/Schomerus, BDSG, § 1, Rn. 6.
[49] In dieser Arbeit werden ausschließlich Arbeitsplätze in nicht-öffentlichen Stellen thematisiert. Die Vorschriften sind aber teilweise auch auf öffentliche Stellen anwendbar.

1. Personenbezogene Daten des Betroffenen

Personenbezogene Daten sind gem. § 3 Abs. 1 BDSG Einzelangaben über persönliche oder sachliche Verhältnisse einer bestimmten oder bestimmbaren natürlichen Person, dem Betroffenen.

Einzelangaben sind Informationen über eine einzelne, natürliche Person.[50] Die Information kann persönliche oder sachliche Verhältnisse der Personen beschreiben. *Persönlich* bedeutet, dass die Einzelangaben der Identifizierung und Beschreibung des Betroffenen dienen, so z. B. Name, Geburtsdatum, Ausbildungsstand.[51] *Sachlich* dagegen sieht die Person in einen Sachverhalt wie ein Telefongespräch oder eine vertragliche Beziehung zu Dritten eingebunden.[52] Videoaufnahmen am Arbeitsplatz werden neben den persönlichen Identifizierungsmerkmalen vor allem sachliche Informationen beinhalten, da der Betroffene in einen Arbeitsprozess eingebunden ist.

Weiterhin wird vorausgesetzt, dass die Einzelangabe einer Person zugeordnet werden kann. Dazu muss sie sich entweder direkt auf eine Person beziehen – wie deren Adresse, eine den Inhaber benennende E-Mail-Adresse, der Familienstand – oder einen Bezug zur Person herstellen können – wie Ausweisnummer, Versicherungsnummer, Telefonnummer.[53] Ergibt sich die Zuordnung daraus, dass die Daten bereits mit dem Namen des Betroffenen verbunden sind oder ergibt sich der Bezug unmittelbar aus dem Inhalt bzw. dem Zusammenhang, handelt es sich um eine Zuordnung zu einer *bestimmten* Person.[54] Ist dies nicht möglich, ist zu prüfen, ob die Person zu den jeweiligen Daten *bestimmbar* ist. Fehlt die Bestimmbarkeit der Person, handelt es sich nicht um ein personenbezogenes Datum und die Anwendbarkeit des Bundesdatenschutzgesetzes ist gem. § 1 Abs. 2 Nr. 3 i. V. m. § 3 Abs. 2 BDSG ausgeschlossen.

---

[50] *Gola/Schomerus*, in: Gola/Schomerus, BDSG, § 3, Rn. 3.
[51] *Franzen*, in: ErfK ArbR, BDSG, § 3, Rn. 2.
[52] *Gola/Schomerus*, in: Gola/Schomerus, BDSG, § 3, Rn. 7.
[53] *Gola/Schomerus*, in: Gola/Schomerus, BDSG, § 3, Rn. 3.
[54] *Gola/Schomerus*, in: Gola/Schomerus, BDSG, § 3, Rn. 10.

Bei der Bestimmbarkeit kommt es auf die Kenntnisse, Mittel und Möglichkeiten der verantwortlichen Stelle und Dritter an, sofern diese vernünftigerweise eingesetzt werden können.[55] Die verantwortliche Stelle ist gem. § 3 Abs. 7 BDSG jede Person oder Stelle, die personenbezogene Daten für sich selbst erhebt, verarbeitet oder nutzt oder dies durch andere im Auftrag vornehmen lässt.

Von der Videoüberwachung betroffen sind die Beschäftigten des Unternehmens. Der Beschäftigtenbegriff im Sinne des Bundesdatenschutzgesetzes wird von § 3 Abs. 11 BDSG definiert. Danach sind nicht nur Arbeitnehmer erfasst, sondern auch Auszubildende, Rehabilitanden, Mitarbeiter anerkannter Behinderten-Werkstätten, Teilnehmer an Jugendfreiwilligendiensten, arbeitnehmerähnliche Personen (z. B. Heimarbeiter und Gleichgestellte), Beamte, Richter, Soldaten und Zivildienstleistende. Ebenfalls als Beschäftigte zählen Bewerber und ehemalige Mitarbeiter.[56]

Bei einer Videoüberwachung, die, wie in dieser Arbeit angenommen, vom Arbeitgeber veranlasst wird, ist dieser die verantwortliche Stelle. Es kommt also u. a. auf seine Kenntnisse, Mittel und Möglichkeiten zur Bestimmbarkeit der Person an. Für gewöhnlich kennt ein Arbeitgeber seine Mitarbeiter. Selbst in großen Konzernen sind die Mitarbeiter zumindest am jeweiligen Standort bekannt. Wenn auch nicht persönlich, so lässt sich mit Hilfe der Abteilungsleitung oder der Personalabteilung eine Liste aufstellen. Zudem wird ein Arbeitgeber, der seine Mitarbeiter überwacht, die entsprechende Videoanlage so aufstellen, dass die gefilmte Person mindestens bestimmbar ist, da andernfalls die Überwachungsmaßnahme ins Leere liefe. Über das äußere Erscheinungsbild[57] wie Gesicht, Größe, Statur lassen sich die Personen eines bekannten Personenkreises ohne größere Schwierigkeiten identifizieren. Aus praktischen Gründen soll daher hier nicht weiter auf die Bestimmbarkeitsgrenze

---

[55] *Franzen*, in: ErfK ArbR, BDSG, § 3, Rn. 2.
[56] Ausführlich zu den einzelnen Gruppen: *Dammann*, in: Simitis, BDSG, § 3, Rn. 279ff.
[57] *Gola/Schomerus*, in: Gola/Schomerus, BDSG, § 3, Rn. 6.

eingegangen werden. Es wird angenommen, dass der Arbeitgeber ohne Probleme in der Lage ist, die Videosequenz einem bestimmten Mitarbeiter zuzuordnen.

Zusammenfassend lässt sich daher feststellen, dass eine Videoüberwachung am Arbeitsplatz Einzelangaben über eine oder mehrere, bestimmte Personen in einem sachlichen Kontext erfasst und so personenbezogene Daten vorliegen.

2. Erheben, Verarbeiten und Nutzen

Bei der Klärung, ob das BDSG anwendbar ist, stellt sich weiterhin die Frage, ob die Videoüberwachungsmaßnahmen von den Handlungsarten des BDSG umfasst sind. Die Begriffe Erheben, Verarbeiten und Nutzen werden in § 3 Abs. 3 – 5 BDSG legal definiert und nachfolgend dargestellt.

Erheben ist das Beschaffen von Daten über den Betroffenen (Beschäftigten). Es umfasst jede gezielt betriebene Informationsgewinnung und setzt folglich ein aktives Handeln der erhebenden Stelle (Arbeitgeber) voraus, welches ihm zuzurechnen ist.[58] Zufallsfunde, Zusammenstellung bereits vorhandener Daten oder unaufgefordert zugeleitete Daten fallen somit nicht unter den Erhebungsbegriff.[59] Die Erhebungsmethode ist irrelevant, auch eine zweckgerichtete Beobachtung kann daher eine Datenerhebung sein.[60] Durch die aktive, digitale Erfassung von Daten des Mitarbeiters ist damit jede gezielte Videoüberwachung am Arbeitsplatz als Datenerhebung zu verstehen.

Verarbeiten umfasst gem. § 3 Abs. 4 BDSG das Speichern, Verändern, Übermitteln, Sperren und Löschen personenbezogener Daten. Auf die angewendeten Verfahren kommt es dabei nicht an. Da nur einige von diesen Verarbeitungsarten im Rahmen dieser Arbeit von größerer Bedeutung sind, werden auch nur diese hier thematisiert.

---

[58] *Schild*, in: BeckOK, Datenschutzrecht, BDSG, § 3, Rn. 51f.
[59] *Franzen*, in: ErfK ArbR, BDSG, § 3, Rn. 4; *Gola/Schomerus*, in: Gola/Schomerus, BDSG, § 3, Rn. 24.
[60] *Schild*, in: BeckOK, Datenschutzrecht, BDSG, § 3, Rn. 51f.

Speichern ist das Erfassen, Aufnehmen oder Aufbewahren personenbezogener Daten auf einem Datenträger zum Zweck ihrer weiteren Verarbeitung oder Nutzung. Als Datenträger kommen dabei alle Medien in Betracht, auf denen Informationen für eine spätere Wahrnehmung festgehalten werden können.[61] Der Zweck der weiteren Verarbeitung oder Nutzung wird dabei häufig gegeben sein, da dies meist der Grund für die Speicherung ist und eben dem Verfügbarhalten der Daten dient.[62] Es muss nicht feststehen, ob, wann oder wie es zur Verwendung kommt.[63] Werden also Videosequenzen auf Bändern oder in digitalen Dateien fixiert, um eine Leistungsauswertung vorzunehmen oder Straftaten aufzuklären, so handelt es sich um eine Speicherung. Im Fall der Prävention von Straftaten ist eine Speicherung zwar nicht unbedingt notwendig, da auch die reine Beobachtung abschreckend wirkt. Diese Wirkung wird durch eine vermutete Speicherung jedoch noch verstärkt.

Übermitteln bezeichnet das Bekanntgeben gespeicherter oder durch Datenverarbeitung gewonnener personenbezogener Daten an einen Dritter in der Weise, dass die Daten an den Dritten weitergegeben werden oder der Dritte zur Einsicht oder zum Abruf bereitgehaltene Daten einsieht oder abruft. Ein Dritter ist dabei gem. § 3 Abs. 8 S. 2 BDSG jede Person oder Stelle außerhalb der verantwortlichen Stellen – hier also außerhalb des Arbeitgeberunternehmens. Eine Weitergabe ist jede Handlung, durch die die Information in den Bereich des Adressaten gelangt – dies hat bewusst zu geschehen; die Art und Weise der Weitergabe besitzt auch hier keine Relevanz.[64] Auf die Kongruenz der gespeicherten und bekanntgegebenen Informationen kommt es dabei nicht an: Eine Übermittlung liegt auch dann vor, wenn aus der gespeicherten Information eine andere hergestellt und diese dann bekanntgegeben wird – ausreichend ist, dass der Informationsgehalt eines gespeicherten Datums in die Übermittlung eingeht.[65] Beispiele im hier gesetzten Rahmen sind etwa die Übersendung von Daten an einen externen

---

[61] *Franzen*, in: ErfK ArbR, BDSG, § 3, Rn. 5.
[62] *Dammann*, in: Simitis, BDSG, § 3, Rn. 120.
[63] *Dammann*, in: Simitis, BDSG, § 3, Rn. 120.
[64] *Dammann*, in: Simitis, BDSG, § 3, Rn. 146.
[65] *Dammann*, in: Simitis, BDSG, § 3, Rn. 162.

Prozessbevollmächtigten oder an ein Gericht im Rahmen eines Klageverfahrens zur Durchsetzung der Rechte des Arbeitgebers.

Dem *Nutzung*sbegriff unterfällt dagegen jede Verwendung der personenbezogenen Daten, die nicht bereits Verarbeitung ist. Damit handelt es sich um einen Auffangtatbestand.[66] Beispiele[67] für eine Nutzung durch den Arbeitgeber können sein: Datenverwendung zur Korrespondenz mit dem Beschäftigten, Duplizieren oder Kopieren, Auswertung mit personenbezogenem Ergebnis z. B. ausgedehnte Pausen durch bestimmte Mitarbeiter oder Beschäftigte nach Fehlzeiten. Selbst eine bloße Kenntnisnahme stellt eine Nutzung dar, ohne dass es dabei auf die Verwendung oder Verwendungsabsicht ankommt.[68] Werden die Daten auch innerhalb der verantwortlichen Stelle weitergegeben z. B. von der Technik an die Personalabteilung, so handelt es sich um eine Nutzung, da es sich nicht um die Weitergabe an einen Dritten und somit nicht um eine Übermittlung handelt.[69] Insbesondere fällt darunter auch der Informationsaustausch mit den Mitarbeitervertretungen,[70] z. B. bei der Anhörung zu einer Kündigung aufgrund von Videobeweismaterial.

Durch eine Videoüberwachung am Arbeitsplatz können Daten also sowohl erhoben, als auch verarbeitet – insbesondere gespeichert oder übermittelt –und genutzt werden.

3. Nicht-öffentliche Stellen

Die Datenverarbeitung bei privatwirtschaftlich organisierten Arbeitgebern ist vom Anwendungsbereich des Bundesdatenschutzgesetzes erfasst. Bei nicht-öffentlichen Stellen handelt es sich laut § 2 Abs. 4 BDSG um natürliche und juristische Personen, Gesellschaften und andere Personenvereinigung des privaten Rechts, sofern sie nicht dem öffentlichen Bereich zuzuordnen sind. Maßgeblich ist dafür zunächst allein die

---

[66] *Gola/Schomerus*, in: Gola/Schomerus, BDSG, § 3, Rn. 42.
[67] Vgl. *Dammann*, in: Simitis, BDSG, § 3, Rn. 195.
[68] *Dammann*, in: Simitis, BDSG, § 3, Rn. 120, 189.
[69] Vgl. *Schild*, in: BeckOK, Datenschutzrecht, BDSG, § 3, Rn. 92.
[70] *Franzen*, in: ErfK ArbR, BDSG, § 3, Rn. 11.

privatrechtliche Organisationsform wie z. B. Einzelkaufmann, OHG, GmbH, erst danach ist auf die Wahrnehmung öffentlicher Aufgaben abzustellen.[71]

4. Einsatz von Datenverarbeitungsanlagen oder nicht automatisierten Dateien

Des Weiteren müssten gem. § 1 Abs. 2 Nr. 3 BDSG im Rahmen der Videoüberwachungsmaßnahmen Datenverarbeitungsanlagen zum Einsatz kommen oder die Daten in oder aus nicht automatisierten Dateien verarbeitet, genutzt oder dafür erhoben werden.

a) Der Einsatz von Datenverarbeitungsanlagen

Der Einsatz von Datenverarbeitungsanlagen beim Umgang mit personenbezogenen Daten wird gem. § 3 Abs. 2 S. 1 BDSG auch als automatisierte Verarbeitung bezeichnet. Dieser Begriff unterscheidet sich von der Verwendung in § 1 Abs. 2 Nr. 3 BDSG. Dieser erfordert nicht, dass die Erhebung an sich mittels Datenverarbeitungsanlage stattfindet, wohl aber dass die Daten für die Verarbeitung oder Nutzung mit einer solchen erhoben werden; während § 3 Abs. 2 S. 1 BDSG die Erhebung nur erfasst, wenn auch diese mit einer Datenverarbeitungsanlage vorgenommen wird.[72] Insgesamt ist aber nicht erforderlich, dass alle drei Umgangsstufen unter Einsatz der Datenverarbeitungsanlage erfolgen.[73]

Die Frage, was genau eine Datenverarbeitungsanlage ist oder automatisiert bedeutet, lässt das Gesetz offen.[74] In der Kommentarliteratur wird sie besonders in Bezug auf Videoüberwachungsanlagen uneinheitlich[75], gar nicht[76] oder verkürzt[77] beantwortet. Knackpunkt ist hierbei, zu verstehen, ob mit automatisiert/Nutzung einer

---

[71] *Gola/Schomerus*, in: Gola/Schomerus, BDSG, § 2, Rn. 19.
[72] *Gola/Schomerus*, in: Gola/Schomerus, BDSG, § 3, Rn. 15.
[73] Vgl. *Dammann*, in: Simitis, BDSG, § 3, Rn. 80.
[74] *Schild*, in: BeckOK, Datenschutzrecht, BDSG, § 3, Rn. 33.
[75] Vgl. z. B. *Dammann*, in: Simitis, BDSG, § 3, Rn. 79 und *Schild*, in: BeckOK, Datenschutzrecht, BDSG, § 3, Rn. 33.
[76] Vgl. *Franzen*, in: ErfK ArbR, BDSG, §§ 1, 3.
[77] Vgl. *Hilbrans*, in: Däubler/Hjort/Schub/Wolmerath, Arbeitsrecht, BDSG, § 3, Rn. 4.

Datenverarbeitungsanlage gemeint ist, dass es sich um eine lediglich technikgestützte[78] oder um eine ausschließlich automatische[79] Datenverarbeitung/-nutzung handeln muss. Klar ist, dass der Kernpunkt die Abkehr vom manuellen und konventionellen Datenumgang ist und der Mehrwert in der erleichterten Zugänglichkeit und Auswertbarkeit von Datenbeständen besteht.[80]

Die *technikgestützte Auslegung* sieht dies immer dann gegeben, wenn bestimmte Aufgaben, bei denen mit personenbezogenen Daten umgegangen wird, unter Verwendung einer informationstechnischen Infrastruktur z. B. Hardware, Software oder Übertragungsnetze wahrgenommen werden, so dass auch Videokameras und Kopierer als Datenverarbeitungsanlagen anzusehen sind.[81]

Die *automatische Auslegung* dagegen geht davon aus, dass die Technik nicht nur zur Erleichterung der Aufgabe genutzt werden muss, sondern auch weitgehend selbstständig mit den Daten arbeiten muss, um die Aufgabe zu erledigen.[82] So dass Videokameras nach dieser Ansicht nur dann unter den Begriff automatisiert/Nutzung einer Datenverarbeitungsanlage fallen, wenn sie z. B. selbstständig die aufgezeichneten Personen anhand ihrer biometrischen Daten erkennen können.[83]

Die zweitgenannte Auslegung mag zwar dichter an der semantischen Bedeutung des Wortes automatisiert (i. S. v. automatisch arbeitend) sein, aber sie engt den Begriff auch stark ein. Viele Prozesse in Unternehmen, also nicht-öffentlichen Stellen, sind nach aktuellem Stand der Technik menschengesteuert, aber technikgestützt z. B. Online-Überweisung der Löhne ohne Dauerauftrag. Gerade im Bereich der Videoüberwachung scheint die Automatisierungsanforderung nicht treffend, wenn die Kosten bedacht werden und die vorzuhaltenden Datenbestände, die eine solche

---

[78] So *Hilbrans*, in: Däubler/Hjort/Schub/Wolmerath, Arbeitsrecht, BDSG, § 3, Rn. 4; *Schild*, in: BeckOK, Datenschutzrecht, BDSG, § 3, Rn. 33.
[79] So *Dammann*, in: Simitis, BDSG, § 3, Rn. 79.
[80] *Dammann*, in: Simitis, BDSG, § 3, Rn. 79 und *Schild*, in: BeckOK, Datenschutzrecht, BDSG, § 3, Rn. 33.
[81] *Schild*, in: BeckOK, Datenschutzrecht, BDSG, § 3, Rn. 33.
[82] Vgl. *Dammann*, in: Simitis, BDSG, § 3, Rn. 79.
[83] *Dammann*, in: Simitis, BDSG, § 3, Rn. 79.

Anlage braucht, um einen automatischen Abgleich vorzunehmen. Selbst wenn der automatischen Auslegung gefolgt wird: Viele digitale[84] Videoanlagen verfügen über Speichermedien/-möglichkeiten, auf denen sie automatisch die Aufnahme speichern und somit den Tatbestand Verarbeitung mit Hilfe einer Datenverarbeitungsanlage erfüllen.[85] Das entscheidende Argument für die Heranziehung der die technikgestützten Auslegung ist jedoch im Sinn und Zweck des BDSG und seiner Regelungen begründet: Um dem bedeutenden Grundrecht auf informationelle Selbstbestimmung ausreichend Rechnung zu tragen, muss der Begriff automatisiert/Nutzung einer Datenverarbeitungsanlage weit ausgelegt werden. Nur so kann der Schutz des Grundrechts bei einer sich ständig fortentwickelnden Technik umfassend gewährleistet werden.

Daher fällt jede Videoüberwachungsanlage unter den Begriff der Datenverarbeitungsanlage.

b) Die nicht automatisierte Datei

Sofern die technikgestützte Auslegung nicht überzeugt, muss geprüft werden, ob es sich bei der Videoüberwachung um einen Datenumgang in oder aus nicht automatisierten Dateien handelt. Eine nicht automatisierte Datei ist jede nicht automatisierte Sammlung personenbezogener Daten, die gleichartig aufgebaut ist und nach bestimmten Merkmalen zugänglich ist und ausgewertet werden kann.

Bei einer *Sammlung* handelt es sich um eine zielstrebig zusammengetragene oder aufrechterhaltene Mehrheit von Elementen, die in einem gewissen inneren und äußeren Zusammenhang stehen.[86] Der innere Zusammenhang kann sich aus dem

---

[84] Auf analoge Aufnahmetechniken soll hier nicht eingegangen werden, da sie geheimhin als technisch überholt einzuschätzen sind.
[85] Vgl. dazu *Schild*, in: BeckOK, Datenschutzrecht, BDSG, § 3, Rn. 33.
[86] *Dammann*, in: Simitis, BDSG, § 3, Rn. 86.

Inhalt oder Zweck ergeben.[87] Dies ist dem Wort Sammlung an sich schon immanent. Eine Mindestanzahl von Sammlungselementen gibt es nicht.[88]

Der äußere Zusammenhang ergibt sich aus der Zugänglichkeit und Auswertbarkeit.[89] Hierbei kommt es auf die äußere Form, also die einheitliche und gleichartige Gestaltung der einzelnen Elemente, an.[90] *Zugänglich* ist eine Sammlung, wenn sie bestimmte Merkmale aufweist, anhand derer Teilmengen der Sammlung – also Informationen über Betroffene – gefiltert und gefunden werden können.[91] Liegt ein *gleichartiger Aufbau* – also eine bestimmte formale Ordnung[92] – vor, so ist i. d. R. auch die Zugänglichkeit gewährleistet.[93]

Auswerten ist jede Aktivität, durch die die in der Sammlung enthaltenen Informationen genutzt werden, wofür bereits die Kenntnisnahme genügt; ein Umsetzen der Information in eine Entscheidung oder Handlung ist nicht erforderlich.[94] Die Merkmale, nach denen ausgewertet werden kann, müssen personenbezogen sein, sie müssen sich aber nicht von den Merkmalen der Zugänglichkeit unterscheiden.[95] Dem Wortlaut kann zufolge kommt es dabei nicht auf eine tatsächlich erfolgende Auswertung an, sondern nur auf die Möglichkeit dazu.

Mittels Videoanlagen aufgezeichnete Vorgänge lassen sich durchaus unter den Begriff der Sammlung von Elementen subsumieren. Ihr innerer Zusammenhang kann der Zweck „Aufklärung von Straftaten" sein. Mit einer entsprechenden Bezeichnung der Aufnahme z. B. nach Tag und Ort, Position der Kamera kann auch eine

---

[87] *Dammann*, in: Simitis, BDSG, § 3, Rn. 86.
[88] *Dammann*, in: Simitis, BDSG, § 3, Rn. 97.
[89] *Dammann*, in: Simitis, BDSG, § 3, Rn. 86.
[90] *Gola/Schomerus*, in: Gola/Schomerus, BDSG, § 3, Rn. 18.
[91] *Dammann*, in: Simitis, BDSG, § 3, Rn. 90.
[92] *Dammann*, in: Simitis, BDSG, § 3, Rn. 89.
[93] *Schild*, in: BeckOK, Datenschutzrecht, BDSG, § 3, Rn. 37.
[94] *Dammann*, in: Simitis, BDSG, § 3, Rn. 93.
[95] *Schild*, in: BeckOK, Datenschutzrecht, BDSG, § 3, Rn. 37; *Dammann*, in: Simitis, BDSG, § 3, Rn. 93.

Gleichartigkeit des Aufbaus bejaht werden.[96] Dementsprechend sind die Daten dann auch zugänglich und können nach diesen Merkmalen auch ausgewertet werden. Beispielsweise kann in Erfahrung gebracht werden, welche Vorkommnisse es an einem bestimmten Tag in einem bestimmten Bereich des Unternehmens gab. Der Personenbezug ergibt sich durch die Mitarbeiter, die überwacht werden. Eine so ausgestaltete Videoüberwachung fällt also auch unter den Dateibegriff fallen.

5. Ergebnis

Zusammenfassend lässt sich sagen, dass die gezielte Überwachung von Beschäftigten bei privaten Arbeitgebern mittels Videoüberwachungsanlagen einen Datenumgang[97] mit personenbezogenen Daten des Betroffenen unter Einsatz einer Datenverarbeitungsanlage (hilfsweise in oder aus nicht automatisierten Dateien) darstellt und so der Anwendungsbereich des Bundesdatenschutzgesetzes eröffnet ist. Bei dem Anwendungsmerkmal Datenverarbeitungsanlage/nicht automatisierte Datei kommt es nicht darauf an, ob die *Erhebung* automatisiert oder in nicht automatisierte Dateien stattfindet, sondern auf welche Art die Daten *verarbeitet* oder *genutzt* werden. Hier sind zwei Auslegungsvarianten denkbar. Das Ergebnis ist jedoch bei beiden gleich: Das BDSG ist auf Maßnahmen im Rahmen einer Videoüberwachung anwendbar. Wichtig ist die Unterscheidung aber u. a. im Zusammenhang mit der Meldepflicht nach § 4d BDSG.

II. Zulässigkeit der Datenerhebung, -verarbeitung und -nutzung gem. § 4 Abs. 1 BDSG

Grundsätzlich gilt gem. § 4 Abs. 1 BDSG, dass die Erhebung, Verarbeitung oder Nutzung personenbezogener Daten nur zulässig ist, soweit das Bundesdatenschutzgesetz oder eine andere Rechtsvorschrift dies erlaubt oder anordnet oder aber der Betroffene eingewilligt hat.

---

[96]Vgl. *Schild*, in: BeckOK, Datenschutzrecht, BDSG, § 3, Rn. 36 zur Auswertbarkeit von Akten bei strukturierter Beschriftung.
[97] Der Begriff Datenumgang wird im Folgenden zusammenfassen für Datenerhebung, -verarbeitung und -nutzung verwandt.

Diese Norm stellt damit ein Verbot mit einem Erlaubnisvorbehalt dar. Durch das grundsätzliche Verbot berücksichtigt diese Norm den eingangs dargestellten, erforderlichen Grundrechtsschutz der von einer Videoüberwachung betroffenen Mitarbeiter in ausreichendem Maße. Angesichts der Erlaubnisregelungen erhält der Arbeitgeber dennoch die Möglichkeit, sein Unternehmen vor einem Schaden zu schützen. So wird auch seinen Interessen Rechnung getragen. Mit Blick auf diese qualitative Ausgestaltung ist das Gesetz ausgewogen.

Als Zulässigkeitsnormen des Bundesdatenschutzgesetzes kommen in Bezug auf die Videoüberwachung die §§ 6b, 32 BDSG in Betracht.

Andere Rechtsvorschriften sind sowohl formelle Gesetze als auch untergesetzliche Rechtsnormen wie Rechtsverordnungen, Tarifverträge oder Betriebsvereinbarung (hier jeweils der normative Teil).[98] Als technische Einrichtung, die dazu bestimmt ist, das Verhalten oder die Leistung der Arbeitnehmer zu überwachen, unterfällt die Installation von Videoüberwachungssystemen der betrieblichen Mitbestimmung gem. § 87 Abs. 1 Nr. 6 BetrVG.[99] Das Mitbestimmungsrecht greift bereits, wenn die Videoüberwachungsanlage objektiv zur Leistungs- und Verhaltenskontrolle geeignet ist, auf eine tatsächliche Ausführung dieser kommt es nicht an.[100] Die Betriebsparteien sind gem. § 75 Abs. 2 S. 1 BetrVG verpflichtet, die freie Entfaltung der Persönlichkeit der im Betrieb beschäftigten Arbeitnehmer zu schützen und zu fördern.[101] Sie müssen folglich insbesondere das allgemeine Persönlichkeitsrecht in Ausprägung des informationellen Selbstbestimmungsrechts beachten.[102] Laut h. M. darf in Tarifverträgen oder Betriebsvereinbarungen allerdings das Datenschutzniveau des Bundesdatenschutzgesetzes nicht unterschritten werden.[103] Die Frage, ob solche

---

[98] *Bäcker*, in: BeckOK, Datenschutzrecht, BDSG, § 4, Rn. 4, 12f.
[99] BAG, Beschl. v. 29.6.2004, 1 ABR 21/03, NJW 2005, 313, 313; BAG, Beschl. v. 26.8.2008, 1 ABR 16/07, Rn. 13, NZA 2008, 1187, 1189.
[100] *Roßmann*, DuD 2002, 286, 286; BAG, Beschl. v. 06.12.1983, 1 ABR 43/81, NJW 1984, 1476, 1484f.
[101] BAG, Beschl. v. 26.8.2008, 1 ABR 16/07, Rn. 14, NZA 2008, 1187, 1189.
[102] BAG, Beschl. v. 26.8.2008, 1 ABR 16/07, Rn. 14, NZA 2008, 1187, 1189.
[103] Z. B. *Sokol*, in: Simitis, BDSG, § 4, Rn. 16f. m. w. N.; *Gola/Schomerus*, in: Gola/Schomerus, BDSG, § 4, Rn. 10; *Brandt*, DuD 2010, 213, 215; a. A. *Bäcker*, in: BeckOK, Datenschutzrecht, BDSG, § 4, Rn. 4, 14.

anderen Rechtsvorschriften den Interessen betroffener Mitarbeiter ausreichend Rechnung tragen, wird für diese Arbeit ausgeklammert.

Bei der Einwilligung gem. § 4a BDSG als gesondertem Erlaubnistatbestand handelt es sich um eine vorherige Einverständniserklärung.[104] Wirksam ist sie gem. § 4a Abs. 1 S. 1 BDSG nur, wenn sie auf freier Entscheidung (Freiwilligkeit) beruht. Aufgrund der asymmetrischen Verhandlungsposition im Arbeitsleben wird die Freiwilligkeit der Arbeitnehmereinwilligung kritisch beurteilt.[105] Für die Mehrheit aller Arbeitsverhältnisse wird dies zutreffen. Ausnahmen sind allerdings denkbar, z. B. in kleineren Nischenunternehmen, in denen der einzelne Mitarbeiter aufgrund seines Wissens und seiner Fähigkeiten von besonderer Bedeutung ist, so dass hier der Einzelfall genauer betrachtet werden muss. Wenn nachweisbar ist, dass der Arbeitnehmer seine Einwilligung hätte verweigern können, ohne Nachteile im Arbeitsverhältnis befürchten zu müssen, liegt die Freiwilligkeit vor.[106] Einen solchen Nachweis zu erbringen, kann in der Praxis zu Problemen führen. Dem steht das gewichtige, grundrechtlich gewährleistete Schutzbedürfnis der Mitarbeiter gegenüber. Im Rahmen einer Interessenabwägung kann die Videoüberwachung daher schnell als unzulässig eingestuft werden. Im Ergebnis ist von der Einwilligung als Erlaubnistatbestand aus den vorgenannten Gründen abzuraten.

E. Die Videoüberwachung in öffentlich zugänglichen Räumen

Wie die Rechtslage um die Videoüberwachung am Arbeitsplatz ist und welche gesetzlichen Erlaubnistatbestände diese erfassen, bestimmt sich nach zwei Kriterien. Entscheidend ist zunächst einmal, welche Bereiche gefilmt werden. Diese sind zu unterscheiden in öffentlich zugängliche Räume, also solche die für die Öffentlichkeit zugänglich sind (z. B. für § 6b BDSG relevant) und nicht öffentlich zugängliche Räume, die nur von einem abgrenzten Personenkreis betreten werden können (z. B. für § 32 BDSG relevant). Das zweite wesentliche Merkmal für die Unterscheidung

---
[104] *Gola/Schomerus*, in: Gola/Schomerus, BDSG, § 4a, Rn. 2.
[105] *Kühling*, in: BeckOK, Datenschutzrecht, BDSG, § 4a, Rn. 36; *Kamp/Rost*, DuD 2013, 80, 82.
[106] *Byers/Pracka*, BB 2013, 760, 765.

der Zulässigkeit einer Videoüberwachung ist, ob sie offensichtlich oder heimlich durchgeführt wird. Die Planung heimlicher Videoaufnahmen wird anders beurteilt als die offener.

I. Die offene Videoüberwachung

Die offene Videoüberwachung in öffentlich zugänglichen Räumen wird nach § 6b BDSG beurteilt.

1. Datenerhebung nach § 6b Abs. 1 BDSG

Für die Datenerhebung mittels offener Videoüberwachung in öffentlich zugänglichen Räumen ist die Vorschrift § 6b Abs. 1 BDSG maßgeblich. Danach ist sie für nicht-öffentliche Stellen nur zulässig, soweit sie zur Wahrnehmung des Hausrechts oder aber berechtigter Interessen für konkret festgelegte Zwecke erforderlich ist. Außerdem dürfen keine Anhaltspunkte dafür bestehen, dass die schutzwürdigen Interessen der Betroffenen überwiegen.

a) Beobachtung mittels optisch-elektronischer Einrichtungen (Videoüberwachung)

Unter Videoüberwachung versteht das Bundesdatenschutzgesetz gem. § 6b Abs. 1 BDSG das Beobachten mit optisch-elektronischen Einrichtungen.

aa) Begriffsdefinition

Der Begriff *Einrichtung* ist technikneutral gewählt und soll keine Einschränkungen in Hinblick auf Größe, Funktionalität oder örtliche Gebundenheit treffen, sondern Geräte jeglicher Art und Gestaltung erfassen, soweit diese für Beobachtungen geeignet sind.[107] Irrelevant ist, ob die Einrichtungen stationär oder mobil sind, da ihnen die gleiche Funktionalität innewohnt.[108]

---

[107] *Scholz*, in: Simitis, BDSG, § 6b, Rn. 36.
[108] *Scholz*, in: Simitis, BDSG, § 6b, Rn. 37; *Lang*, Videoüberwachung, 244ff.

Optisch-elektronisch drückt aus, dass die Einrichtung Licht (elektromagnetische Wellen) in elektrische Signale umwandeln können muss.[109] Dies umfasst sowohl analoge als auch digitale Signale.[110] So werden analoge[111] Ferngläser und Spiegel, da sie die Lichtsignale mechanisch erfassen, vom Begriff der Videoüberwachung ausgenommen.[112] Dementsprechend sind auch Kameraattrappen nicht erfasst, sie können aber dennoch einen zivilrechtlichen Abwehranspruch aus §§ 1004, 823 Abs. 1 BGB wegen Eingriffs in das Persönlichkeitsrecht auslösen.[113] Auch funktionsuntüchtige oder ausgeschaltete Kameras lösen, aufgrund des von ihnen ausgehenden und nicht überprüfbaren Überwachungsdrucks, diese Ansprüche aus.[114] Solche Kameras unterfallen aber nicht dem Videoüberwachungsbegriff des Bundesdatenschutzgesetzes, so dass § 6b BDSG keine Anwendung auf sie findet.[115] Aufgrund der Ausgangssituation dieser Arbeit muss dies nicht weiter beachtet werden: Der Arbeitgeber wird für einsatzbereite Kamerasysteme sorgen.

Auch digitale Fotoapparate und Mobiltelefone mit Kamera, aber ohne Videofunktion, erfüllen prinzipiell die Voraussetzungen einer optisch-elektronischen Einrichtung.[116] Um aber das entstehende Foto von der Videoüberwachung abzugrenzen, kommt es darauf an, dass mit den optisch-elektronischen Einrichtungen beobachtet werden kann.[117] *Beobachten* ist das Sichtbarmachen von Geschehnissen und Personen mit Hilfe dazu geeigneter, technischer Einrichtungen.[118] Diese optische Erfassung setzt

---

[109] *Thüsing*, in: Thüsing, Arbeitnehmerdatenschutz und Compliance, Rn. 337; *Lang*, Videoüberwachung, 246.
[110] *Thüsing*, in: Thüsing, Arbeitnehmerdatenschutz und Compliance, Rn. 337; *Scholz*, in: Simitis, BDSG, § 6b, Rn. 38, 40; vgl. Innenausschuss, Änderung des BDSG, 4.4.2001, BT-Drs. 14/5793, 62.
[111] Mittlerweile gibt es z. B. von Sony auch digitale Ferngläser, die Videos aufzeichnen und mit GPS-Markierungen versehen können.
[112] *Thüsing*, in: Thüsing, Arbeitnehmerdatenschutz und Compliance, Rn. 337.
[113] *Scholz*, in: Simitis, BDSG, § 6b, Rn. 41; vgl. *Gola/Schomerus*, in: Gola/Schomerus, BDSG, § 6b, Rn. 13.
[114] *Gola/Schomerus*, in: Gola/Schomerus, BDSG, § 6b, Rn. 13; LG Bonn, Urt. v. 16.11.2004, 8 S 139/04, NZM 2005, 399, 400.
[115] *Thüsing*, in: Thüsing, Arbeitnehmerdatenschutz und Compliance, Rn. 337; *Lang*, Videoüberwachung, 174, 250; *Gola/Schomerus*, in: Gola/Schomerus, BDSG, § 6b, Rn. 13; *Scholz*, in: Simitis, BDSG, § 6b, Rn. 41.
[116] Vgl. *Gola/Schomerus*, in: Gola/Schomerus, BDSG, § 6b, Rn. 13a.
[117] *Gola/Schomerus*, in: Gola/Schomerus, BDSG, § 6b, Rn. 12, 13a.
[118] *Scholz*, in: Simitis, BDSG, § 6b, Rn. 63.

eine gewisse Dauer voraus, so dass einmalige Bilderfassungen wie Fotografien davon ausgenommen sind.[119]

bb) Beobachtung als Datenerhebung

Die Verwendung des Begriffs Beobachten ist ungewöhnlich. Üblicherweise spricht das BDSG von Erheben. Daher stellt sich die Frage, ob beide Begriffe deckungsgleich sind.

Diese Frage lässt sich gut am Beispiel von Kamera-Monitor-Systemen nachvollziehen. Bei einem solchen System ist die übertragende Kamera an einen Monitor angeschlossen. Die gezeigten Bilder werden jedoch nicht gespeichert. Nach der Definition von Beobachten – als dem Sichtbarmachen von Geschehnissen und Personen mit Hilfe dazu geeigneter, technischer Einrichtungen – ist bereits die Darstellung auf dem Monitor eine Beobachtung. Es handelt sich demnach um eine rein technische Definition. Sie erfordert scheinbar keinen Bezug der Darstellungen zu personenbezogenen oder -beziehbaren Daten.[120] Der Beobachtungsbegriff würde demnach auch Szenarien erfassen, in denen keine Personen zu sehen sind oder in denen die Bilder lediglich auf einen Monitor projiziert werden, aber ausgeschlossen ist, dass sie angesehen werden.

Erheben ist dagegen als das Beschaffen von Daten über den Betroffenen definiert. Es setzt also ein auf Gewinnung personenbezogener abzielendes Verhalten voraus[121], eben ein Beschaffungselement.

Die Begriffe sind folglich nicht kongruent. Der Begriff Beobachten ist deutlich weiter gefasst als der Begriff Erheben. Angesichts des Standorts des Begriffs Erheben als Voraussetzung für die Anwendbarkeit des BDSG gem. § 1 Abs. 2 Nr. 3 BDSG stellt

---

[119] *Gola/Schomerus*, in: Gola/Schomerus, BDSG, § 6b, Rn. 12; *Scholz*, in: Simitis, BDSG, § 6b, Rn. 64.
[120] So auch: *Lang*, Videoüberwachung, 272f.
[121] *Lang*, Videoüberwachung, 156, 277.

sich die Frage, ob es einer anderen, engeren Definition des Begriffs Beobachten als der oben aufgeführten bedarf.

Die weite Begriffsbestimmung des Beobachtens ist in den Gesamtkontext des Bundesdatenschutzgesetzes und seiner Zweckbestimmung gem. § 1 Abs. 1 BDSG sowie des § 6b BDSG zu setzen.[122] Beide Paragrafen dienen der Wahrung des informationellen Selbstbestimmungsrechts.[123] Dieses soll Personen vor dem unzulässigen Umgang mit ihren Daten schützen und ihre Selbstbestimmtheit in Bezug auf diese wahren. Andernfalls wäre der § 6b BDSG nicht in das Bundesdatenschutzgesetz aufgenommen worden, da es dem Gesetzeszweck widersprechen würde oder aber der Gesetzgeber hätte deutlich zum Ausdruck bringen müssen, dass es sich um eine derartige Erweiterung des Anwendungsbereichs des BDSG handeln soll.[124]

Somit wird deutlich, dass Beobachten stets einen Bezug zu personenbezogenen oder personenbeziehbaren Daten hat.[125] Weder dem Wortlaut noch den Gesetzgebungsmaterialien lässt sich entnehmen, dass hier eine Ausnahmeregelung getroffen werden soll.[126] Es handelt sich folglich nicht nur um eine rein technische Definition. Auch ein Beschaffungselement ist bei der Beobachtung vorhanden. Schließlich installiert die verantwortliche Stelle die Videoüberwachungsanlage aus einem bestimmten Grund: Sie zielt damit auf die Datengewinnung ab.

Der Beobachtungsbegriff ist daher im Lichte der §§ 1 Abs. 1, 6b BDSG anders zu formulieren: Beobachten ist das Sichtbarmachen von Geschehnissen und Personen mit Hilfe dazu geeigneter, technischer Einrichtungen zur Beschaffung personenbezogener Daten über den Betroffenen. Für Kamera-Monitor-Systeme ist

---

[122] Vgl. *Lang*, Videoüberwachung, 275.
[123] Vgl. zu § 6b BDSG RegE, Änderung des BDSG, 13.10.2000, BT-Drs. 14/4329, 38.
[124] Vgl. *Lang*, Videoüberwachung, 275.
[125] *Scholz*, in: Simitis, BDSG, § 6b, Rn. 66.
[126] *Scholz*, in: Simitis, BDSG, § 6b, Rn. 66; *Lang*, Videoüberwachung, 275; vgl. Innenausschuss, Änderung des BDSG, 4.4.2001, BT-Drs. 14/5793, 61-63; RegE, Änderung des BDSG, 13.10.2000, BT-Drs. 14/4329, 38.

das grundsätzlich dann anzunehmen, sobald diese als „verlängertes Auge", z. B. eines Aufsehers, der die Leistung seiner Mitarbeiter überwacht, fungieren, so dass diese ebenfalls als Videoüberwachung einzustufen sind.[127] Selbst wenn ein solcher Aufseher abgelenkt oder abwesend ist, ist die gesamte Videoüberwachung auf das Beschaffen der Daten ausgerichtet. Dem Gesetzgeber kam es ausdrücklich nicht auf die anschließende Speicherung des Bildmaterials, sondern nur auf die Beobachtung an.[128] Er wollte also auch Kamera-Monitor-Systeme erfasst wissen und hat zur Eindämmung[129] der Videoüberwachung grundsätzlich einen weiten Beobachtungsbegriff gewählt, der aber präzisiert werden muss.

cc) Die Datenerhebung des § 6b Abs. 1 BDSG in der Systematik des Bundesdatenschutzgesetzes

In der Systematik des Bundesdatenschutzgesetzes stellt § 6b Abs. 1 BDSG eine Abweichung dar. Neben der schon aufgezeigten Unregelmäßigkeiten bei der Verwendung des Begriffs Beobachtung, greift er zweifach über den Anwendungsbereich des BDSG gem. § 1 Abs. 2 Nr. 3 BDSG hinaus. Das geschieht einerseits insoweit, als dass § 6b Abs. 1 BDSG als Tatbestandsmerkmal nicht voraussetzt, dass die durch die Beobachtungsmaßnahme gewonnenen Daten unter Einsatz von oder für Datenverarbeitungsanlagen erhoben werden.[130] Andererseits wird die Datenerhebung durch privatwirtschaftliche Arbeitgeber gem. § 1 Abs. 2 Nr. 3 BDSG nur dann erfasst, wenn diese für die nachfolgende Verarbeitung oder Nutzung erfolgt.[131] Eine solche erfordert der Wortlaut des § 6b Abs. 1 BDSG nicht. Es stellt sich daher die Frage, ob diese gesetzessystematischen Widersprüche gerechtfertigt erscheinen oder ob sie zu einer einschränkenden Auslegung des § 6b Abs. 1 BDSG führen müssen.

---

[127] Vgl. im Ergebnis *Scholz*, in: Simitis, BDSG, § 6b, Rn. 65; etwas anders: *Gola/Schomerus*, in: Gola/Schomerus, BDSG, § 6b, Rn. 10.
[128] RegE, Änderung des BDSG, 13.10.2000, BT-Drs. 14/4329, 38.
[129] Innenausschuss, Änderung des BDSG, 4.4.2001, BT-Drs. 14/5793, 61.
[130] Vgl. Innenausschuss, Änderung des BDSG, 4.4.2001, BT-Drs. 47/5793, 62.
[131] Vgl. *Gola/Schomerus*, in: Gola/Schomerus, BDSG, § 6b, Rn. 3.

Bei der Betrachtung des Regelungszwecks bzw. der Regelungsnotwendigkeit des § 6b Abs. 1 BDSG wird das Hinausgehen über den Anwendungsbereich des § 1 Abs. 2 Nr. 3 BDSG klarer. Es dient der Wahrung des gewichtigen Grundrechtsguts des informationellen Selbstbestimmungsrechts.[132] Mit § 6b BDSG sollte erstmals eine verbindliche Regelung für die Videoüberwachung eingeführt werden, die eine deutlich restriktivere Verwendungspraxis herbeiführen sollte.[133] Um eben genau das zu erreichen, müssen möglichst viele Videoüberwachungen von der Vorschrift erfasst werden und ihr Anwendungsbereich muss weit gefasst sein.

Bezogen auf die Datenverarbeitungsanlage/nicht-automatisierten Dateien darf es daher keine Einschränkungen hinsichtlich der verwendeten Technologie (analog/digital, Größe, Funktionalität etc.) geben, da sich sonst Umgehungsmöglichkeiten auftun. Wird allerdings digitale Kameratechnik – wie sie heutzutage Standard ist – eingesetzt, wird sich kein gesetzessystematischer Widerspruch ergeben, da sie, wie unter D.I.4. dargestellt, den Anwendungsbereich des BDSG eröffnet.[134].

Aber auch auf die nachfolgende Verwendung[135] darf es nicht ankommen. Käme es nämlich darauf an, so wären Kameras, deren Aufnahmen nicht weiterverwendet würden, vom Anwendungsbereich des § 6b BDSG ausgenommen. Genau aber das wollte der Gesetzgeber nicht regeln: Er wollte die Erhebung unabhängig von der weiteren Verwendung einschließen.[136] Der Gefilmte kann außerdem nur selten nachprüfen, ob die Aufnahmen verwendet werden oder nicht. Er wäre somit einem Anpassungsdruck ausgesetzt, der einen Eingriff in sein Persönlichkeitsrecht darstellt, für den es aber rechtlich keiner Rechtfertigung bedürfte[137]. Durch den aktuellen § 6b Abs. 1 BDSG wird dies vermieden.

---

[132] Vgl. RegE, Änderung des BDSG, 13.10.2000, BT-Drs. 14/4329, 38.
[133] Innenausschuss, Änderung des BDSG, 4.4.2001, BT-Drs. 14/5793, 61.
[134] Vgl. Innenausschuss, Änderung des BDSG, 4.4.2001, BT-Drs. 14/5793, 62.
[135] Für das Speichern vgl. *Gola/Schomerus*, in: Gola/Schomerus, BDSG, § 6b, Rn. 3.
[136] Innenausschuss, Änderung des BDSG, 4.4.2001, BT-Drs. 14/5793, 62.
[137] Vgl. Innenausschuss, Änderung des BDSG, 4.4.2001, BT-Drs. 14/5793, 61.

Die Ausgangsfrage, ob das BDSG sich als lückenhaft erweist, kann zwar insofern verneint werden. Deutlich verständlicher und systematischer wäre es allerdings gewesen, wenn der Gesetzgeber solche Erweiterungen des Anwendungsbereiches in § 1 BDSG aufgegriffen hätte.

b) Öffentlich zugängliche Räume

Unter öffentlich zugänglichen Räumen sind Bereiche innerhalb und außerhalb von Gebäuden zu verstehen, die von einem unbestimmten oder einem nur nach allgemeinen Merkmalen bestimmten Personenkreis betreten und genutzt werden können und ihrem Zweck nach auch dazu bestimmt sind.[138] Die Eigentumsverhältnisse sind für die Beurteilung grundsätzlich unbeachtlich.[139]

Die Zweckbestimmung kann sich explizit z. B. aus einer Widmung für den öffentlichen Verkehr oder konkludent aus dem erkennbaren Willen des Berechtigten, d. h. des Eigentümers, Mieters, Pächters oder sonstigen Inhabers des Hausrechts ergeben.[140] Zu öffentlich zugänglichen Räumen gehören danach vor allem öffentliche Straßen, Wege, Plätze, Parks, Verkaufsbereiche von Geschäften, Kaufhäusern und Tankstellen, Einkaufspassagen, Restaurants, Hotelfoyers, Casinos, Museen, Theater, Fußballstadien und öffentliche Verkehrsmittel.[141] Das gilt unabhängig davon, ob die Zugangsberechtigung etwa vom Erwerb einer Eintrittskarte, eines Fahrscheins, von einer vorherigen Anmeldung oder einer Altersgrenze abhängt, solange sich die Zugänglichkeit nach einem allgemeinen, von einer unbestimmten Anzahl von Personen erfüllbaren Kriterium bestimmt, denn entscheidend ist allein die durch den Berechtigten eröffnete tatsächliche Nutzungsmöglichkeit durch die Allgemeinheit.[142]

Nicht öffentlich zugänglich sind dagegen Räume, die nur von einem bestimmten und abschließend definierten Personenkreis z. B. den eigenen Mitarbeitern der gesamten

---

[138] *Scholz*, in: Simitis, BDSG, § 6b, Rn. 42.
[139] *Gola/Schomerus*, in: Gola/Schomerus, BDSG, § 6b, Rn. 8.
[140] *Scholz*, in: Simitis, BDSG, § 6b, Rn. 42.
[141] *Scholz*, in: Simitis, BDSG, § 6b, Rn. 43f. m. w. N.
[142] *Scholz*, in: Simitis, BDSG, § 6b, Rn. 43, 45.

Firma oder einer bestimmten Abteilung/Freigabestufe betreten werden können oder dürfen.[143] Allein die faktische Zugangsmöglichkeit, z. B. eine unverschlossene Tür oder eine mangelnde Eingangskontrolle am Fabrikgelände, begründet keine Öffentlichkeit, da der Berechtigte den Zugang regelmäßig nur für Personen gestattet, die in einer Beziehung zu ihm stehen.[144] Betriebsstätten, Produktionsbereiche, Lager- und Personalräume sowie Büros und Arbeitsplätze ohne Publikumsverkehr gehören dazu.[145]

Teilweise wird in der Literatur die Ansicht vertreten, dass ein in sich geschlossener Raum in einen öffentlich und einen nicht öffentlich zugänglichen Bereich differenziert werden kann: So könnte der Kassen- oder Schalterbereich als nicht öffentlich zugänglicher Raum aus dem öffentlich zugänglichen Ladenbereich ausgenommen sein.[146] Das würde allerdings bedeuten, dass sobald eine Kamera zeitgleich beide Bereiche erfasst, mehrere Vorschriften und Regeln, die eigentlich miteinander konkurrieren, auf die Überwachung Anwendung finden würden.[147] Diese Ansicht ist daher abzulehnen.

Nach dem Willen des Gesetzgebers dürfen niemals – auch nicht zum Zweck der Diebstahlsprävention – Toiletten oder Umkleidekabinen überwacht werden[148], unabhängig davon, welchem Bereich sie zugeordnet werden.

c) Zweckbindung

Die Videoüberwachung ist an mindestens einen der genannten und für nicht-öffentliche Stellen einschlägigen Zwecke gebunden.

---

[143] *Scholz*, in: Simitis, BDSG, § 6b, Rn. 48.
[144] *Gola/Schomerus*, in: Gola/Schomerus, BDSG, § 6b, Rn. 9; vgl. *Scholz*, in: Simitis, BDSG, § 6b, Rn. 48.
[145] *Scholz*, in: Simitis, BDSG, § 6b, Rn. 48.
[146] *Scholz*, in: Simitis, BDSG, § 6b, Rn. 51; *Lang*, Videoüberwachung, 243.
[147] Anders in der Begründung, aber ebenfalls ablehnend: *Grimm/Schiefer*, RdA 2009, 329, 331; *Bayreuther*, NZA 2005, 1038, 1038f.
[148] Vgl. Innenausschuss, Änderung des BDSG, 4.4.2001, BT-Drs. 47/5793, 62.

aa) Wahrnehmung des Hausrechts

Das Hausrecht ist die Befugnis, zu entscheiden, wer bestimmte Gebäude wie Geschäftsräume oder befriedetes Besitztum betreten und darin verweilen darf.[149] Der Inhaber des Hausrechts darf dementsprechend auch die erforderlichen Maßnahmen zum Schutz des Objekts und der sich darin aufhaltenden Personen sowie zur Abwehr unbefugten Betretens ergreifen, d. h. Störer verweisen und ihnen das Betreten für die Zukunft untersagen (Hausverbot).[150] Da Mitarbeiter ihren Arbeitsplatz aufsuchen müssen, um ihre vertraglichen Pflichten zu erfüllen,[151] dürfte die Wahrnehmung des Hausrechts in den seltensten Fällen als Rechtfertigung der Arbeitnehmerüberwachung geeignet sein. Lediglich bei einem ehemaligen Beschäftigten wäre die Rechtfertigung einer Überwachung über diesen Zweck denkbar, beispielsweise um ein ihm erteiltes Hausverbot durchzusetzen. Allerdings dürfte die Erforderlichkeit hier fehlen, da z. B. andere Mitarbeiter ihn erkennen würden und dies ein milderes Mittel darstellt.

bb) Wahrnehmung berechtigter Interessen für konkret festgelegte Zwecke

Da das Hausrecht als Zweck für eine gezielte Videoüberwachung nicht in Betracht kommt, ist zu prüfen, ob die Wahrnehmung berechtigter Interessen als Rechtfertigung in Frage kommt.

Dieser Begriff umfasst neben rechtlichen, auch tatsächliche Interessen, die wirtschaftlicher oder ideeller Art sein können.[152] Als Ausnahmetatbestand erfordert er – insbesondere mit Blick auf die gewichtige Bedeutung der zu schützenden Grundrechte der Mitarbeiter – eine enge Auslegung[153]. Das berechtigte Interesse

---

[149] *Scholz*, in: Simitis, BDSG, § 6b, Rn. 73.
[150] *Scholz*, in: Simitis, BDSG, § 6b, Rn. 73; *Ziegler*, DuD 2003, 337, 337f.
[151] *Thüsing*, in: Thüsing, Arbeitnehmerdatenschutz und Compliance, Rn. 354; BAG, Beschl. v. 29.6.2004, 1 ABR 21/03, NJW 2005, 313, 317.
[152] Dabei findet eine Anlehnung an § 28 Abs. 1 S. 1 Nr. 2 BDSG statt. So *Duhr/Naujok/Peter/Seiffert*, DuD 2002, 5, 28; BAG, Beschl. v. 26.8.2008, 1 ABR 16/07, Rn. 51, NZA 2008, 1187, 1193; *Scholz*, in: Simitis, BDSG, § 6b, Rn. 78.
[153] Vgl. Innenausschuss, Änderung des BDSG, 4.4.2001, BT-Drs. 14/5793, 61.

muss objektiv begründbar sein und darf sich nicht nur nach dem subjektiven Interesse der beobachtenden Stelle richten.[154] Nicht als berechtigte Interessen gelten daher ein beliebiger Geschäftszweck z. B. Vermarktung mithilfe der gewonnen Bilder sowie Spaß, Neugierde, Voyeurismus oder Hobby.[155] Beim Zweck der Gefahrenabwehr wie z. B. Verhinderung/Aufklärung von Vandalismus, Verunstaltung von Hausfassaden, missbräuchlicher Nutzung und Vermögensdelikten kann i. d. R. von berechtigten Interessen ausgegangen werden, sofern konkrete Tatsachen den Eintritt der Gefahr erwarten lassen.[156] Ist die Gefährdungslage eher abstrakt, kann die objektive Begründbarkeit darin liegen, dass nach der Lebenserfahrung eine Situation als potenziell gefährlich eingestuft wird z. B. Warendiebstähle in Kaufhäusern.[157] Auch die Höhe des zu erwartenden Schadens muss Berücksichtigung finden.[158] Wichtig ist, dass die verantwortliche Stelle die Gefährdungslage objektiv begründen und ggf. auch nachweisen kann, beispielsweise durch gestellte Strafanzeigen, Nennung konkreter Vorfälle wie Diebstahl, Sachbeschädigung.[159] Eine abstrakte Gefahrenvorsorge kann als Begründung aber nicht ausreichen, es muss eine potenzielle, aber objektive Gefährdungslage vorhanden sein.[160]

Das Bayrische Landesamt für Datenschutzaufsicht hat die berechtigten Interessen beispielsweise in folgendem Fall[161] anerkannt: In einer Gastwirtschaft waren über 150 Mitarbeiter beschäftigt. In den letzten Jahren waren zum Teil organisierte Unterschlagungen von Kassen- und Warenbeständen durch Mitarbeiter erfolgt, so dass gegen einige Beschuldigte Ermittlungs- und Strafverfahren eingeleitet wurden. Der Betreiber der Gastwirtschaft hatte sich daher entschlossen im Schank- und Kassenbereich Kameras zu installieren. Das Amt hielt das für vertretbar, solange die Aufnahmen nicht zur Leistungs- und Verhaltenskontrolle eingesetzt werden, sondern

---

[154] Vgl. Innenausschuss, Änderung des BDSG, 4.4.2001, BT-Drs. 14/5793, 61.
[155] *Scholz*, in: Simitis, BDSG, § 6b, Rn. 78; Innenausschuss, Änderung des BDSG, 4.4.2001, BT-Drs. 14/5793, 61.
[156] *Lang*, Videoüberwachung, 289; *Scholz*, in: Simitis, BDSG, § 6b, Rn. 79 m. w. N.
[157] *Lang*, Videoüberwachung, 289; *Scholz*, in: Simitis, BDSG, § 6b, Rn. 79.
[158] *Grimm/Schiefer*, RdA 2009, 329, 333.
[159] *Scholz*, in: Simitis, BDSG, § 6b, Rn. 80.
[160] *Scholz*, in: Simitis, BDSG, § 6b, Rn. 79f.
[161] BayLDA, 5. TB 2011/2012, 17.3, 82.

für den Zweck der Aufklärung von Inventurdifferenzen, die Mitarbeiter über die Überwachung informiert werden und der Gästebereich nicht überwacht wird.

Die Zwecke der Videoüberwachung müssen vor Beginn konkret festgelegt werden.[162] Dies soll der Nachprüfbarkeit im Hinblick auf die Erforderlichkeit der Maßnahme dienen[163] und eine nachträgliche Zweckänderung sowie zielunabhängige Datenerhebung verhindern[164]. Eine schriftliche Fixierung der Zwecke empfiehlt sich, denn kann der Nachweis der konkreten und rechtzeitigen Zweckfestlegung nicht geführt werden – die Beweislast liegt bei der verantwortlichen Stelle – so ist die Beobachtung unzulässig.[165] Der Zweck muss präzise benannt werden, allgemeine Umschreibungen wie Gefahrenabwehr und Verfolgung von Straftaten reichen nicht aus.[166]

d) Erforderlichkeit

Die Zweckbindung der Maßnahme allein reicht nicht aus, vielmehr muss sie auch erforderlich sein. Wie oben bereits beschrieben, ist die Videoüberwachung erforderlich, wenn sie zur Wahrnehmung der berechtigten Interessen geeignet ist und kein anderes, gleich wirksames und das Persönlichkeitsrecht weniger einschränkendes Mittel zur Verfügung steht.[167]

Grundsätzlich ist die Videoüberwachung zur Leistungskontrolle und Prävention bzw. Aufklärung von Straftaten von Mitarbeitern geeignet. Ein gleich geeignetes Mittel könnte bei Letzterem auch in der Einstellung von Wachpersonal, häufigeren Rundgängen oder besserer Einsehbarkeit von Ladenbereichen liegen.[168] Ungeeignet und damit auch nicht zur Gefahrenabwehr erforderlich ist eine Videoüberwachung

---

[162] Innenausschuss, Änderung des BDSG, 4.4.2001, BT-Drs. 14/5793, 61.
[163] Innenausschuss, Änderung des BDSG, 4.4.2001, BT-Drs. 14/5793, 61.
[164] *Scholz*, in: Simitis, BDSG, § 6b, Rn. 82, 84.
[165] *Scholz*, in: Simitis, BDSG, § 6b, Rn. 84f.; vgl. *Zilkens*, DuD 2007, 279, 281.
[166] *Scholz*, in: Simitis, BDSG, § 6b, Rn. 82.
[167] BAG, Beschl. v. 29.6.2004, 1 ABR 21/03, NJW 2005, 313, 315; BAG, Beschl. v. 26.8.2008, 1 ABR 16/07, Rn. 20., NZA 2008, 1187, 1190.
[168] Vgl. *Gola/Schomerus*, in: Gola/Schomerus, BDSG, § 6b, Rn. 18b.

aber, wenn die Kameras nicht oder schlecht erkennbar sind, da hier der Abschreckungseffekt nicht greifen kann.[169] Die Videoüberwachung kann aber auch geeignet sein, wenn ihr Zweck nicht vollständig mit ihrer Hilfe erreicht werden kann, sie aber die Zweckerreichung fördert.[170] Aber auch hier muss der Einzelfall beurteilt werden.

Stehen mildere, gleich wirksame Mittel zur Verfügung, so kommt es zusätzlich auf deren objektive Zumutbarkeit z. B. in Bezug auf die damit verbundenen Kosten an.[171] Bei der Erforderlichkeitsprüfung sind auch die Umstände der geplanten Videoüberwachung wie zeitlicher, räumlicher Umfang, Zugangsberechtigungen zu den Beobachtungsanlagen, organisatorische und technische Ausgestaltung zu erwägen.[172] Eine Leistungsüberwachung von Mitarbeitern über § 6b BDSG kommt allerdings nicht in Betracht.[173] Dazu stehen dem Arbeitgeber mildere Mittel wie das Prüfen der Ergebnisse oder die Aufsicht durch Vorgesetzte zur Verfügung. Mitarbeiter können daher über § 6b BDSG nur in Bezug auf Straftaten oder schweres Fehlverhalten gegenüber dem Arbeitgeber gezielt überwacht werden.[174]

e) Schutzwürdige Interessen der Betroffenen

Selbst wenn die Videoüberwachung einen zulässigen Zweck verfolgt und die Maßnahme erforderlich ist, so kann sie insgesamt noch unzulässig sein, wenn die schutzwürdigen Interessen des Betroffenen überwiegen. Dies setzt eine Güter- und Interessenabwägung unter Beachtung der Rechtspositionen aller Beteiligten im Einzelfall voraus.[175] Neben den eher allgemeinen Umständen wie Ort, Dauer und Anzahl der Betroffenen der Überwachungsmaßnahme, fällt auch das Gewicht der

---

[169] *Scholz*, in: Simitis, BDSG, § 6b, Rn. 87 m. w. Bsp.; OLG Karlsruhe, Urt. v. 12.08.1998, 6 U 64/97, BeckRS 1998, 30996545, 1. b) aa).
[170] BVerfG, Urt. v. 28.3.2006, 1 BvR 1054/01, Rn. 112, NJW 2006, 1261, 1264; *Scholz*, in: Simitis, BDSG, § 6b, Rn. 87 m. w. N.
[171] *Scholz*, in: Simitis, BDSG, § 6b, Rn. 88.
[172] *Scholz*, in: Simitis, BDSG, § 6b, Rn. 89, 91; in Rn. 90 werden Beispiele/Einzelfälle genannt.
[173] *Franzen*, in: ErfK ArbR, BDSG, § 6b, Rn. 6; *Bayreuther*, NZA 2005, 1038, 1039; *Grimm/Schiefer*, RdA 2009, 329, 332.
[174] *Franzen*, in: ErfK ArbR, BDSG, § 6b, Rn. 6; *Bayreuther*, NZA 2005, 1038, 1039.
[175] *Duhr/Naujok/Peter/Seiffert*, DuD 2002, 5, 28.

eingesetzten Technologie in die Waagschale.[176] So findet auch die damit korrelierende (Un-)Möglichkeit der Mitarbeiter, sich dem Überwachungsdruck zu entziehen, Berücksichtigung.[177]

Es lässt sich also feststellen, dass die Zulässigkeit der Videoüberwachung ganz von den jeweiligen Umständen abhängt und mit vielen Abwägungen u. a. in Bezug auf den Zweck oder die entgegenstehenden Mitarbeiterinteressen verbunden ist. Deren Parameter und Spielräume sind aber nicht ausreichend klar definiert und es bestehen bestenfalls Anhaltspunkte zu ihnen.

2. Hinweispflicht gem. § 6b Abs. 2 BDSG

Gem. § 6b Abs. 2 BDSG sind der Umstand der Beobachtung und die verantwortliche Stelle durch geeignete Maßnahmen erkennbar zu machen. Dies soll der Transparenz dienen, damit jeder Betroffene seine Rechte z. B. auf Auskunft wahrnehmen kann.[178] Dafür sind i. d. R. Hinweise ausreichend, dass ein bestimmter Raum videoüberwacht wird.[179] Eine genaue Information über die Ausgestaltung der Überwachung ist nicht erforderlich, die Person muss lediglich einen Eindruck bekommen können, welche Bereiche erfasst sind, so dass sie ihr Verhalten anpassen kann.[180] Zur Kenntlichmachung der verantwortlichen Stelle gem. § 3 Abs. 7 BDSG müssen Name und Postanschrift erkennbar sein.[181] Die Person muss ohne weitere Recherche erkennen können, bei wem sie ihre Rechte geltend machen kann.[182]

Dazu, was geeignete Maßnahmen sind, lässt das Gesetz nichts erkennen. Nur die Anbringung offensichtlicher Kameras dürfte aber nicht ausreichend sein, da dann die Kenntlichmachung der verantwortlichen Stelle fehlt und die Kameras im Zweifel

---

[176] S. dazu auch C.IV.
[177] Vgl. *Scholz*, in: Simitis, BDSG, § 6b, Rn. 12ff.
[178] RegE, Änderung des BDSG, 13.10.2000, BT-Drs. 14/4329, 38.
[179] *Scholz*, in: Simitis, BDSG, § 6b, Rn. 103.
[180] *Scholz*, in: Simitis, BDSG, § 6b, Rn. 103.
[181] *Scholz*, in: Simitis, BDSG, § 6b, Rn. 104.
[182] *Scholz*, in: Simitis, BDSG, § 6b, Rn. 104.

eher übersehen werden, gerade die unauffälligen Dome-Kameras.[183] Hinweisschilder mit grafischen Darstellungen kommen in erster Linie in Betracht.[184] Sie weisen einen hohen Wiedererkennungswert auf und sind allgemein verständlich, so dass sie auch von fremdsprachigen Personen verstanden werden können.[185] Die Hinweise müssen deutlich – also ohne Suchaufwand – sichtbar sein und das bereits vor bzw. beim Betreten des überwachten Bereichs, so dass der Betroffene sich entsprechend verhalten kann.[186] Mitarbeiter werden darüber informiert sein, dass und in welchen Bereichen genau Kameras installiert sind.

3. Datenverarbeitung und -nutzung gem. § 6b Abs. 3 BDSG

Von der Zulässigkeit der Beobachtung unter Zuhilfenahme einer Videoüberwachungsanalage ist die Zulässigkeit der Verarbeitung oder Nutzung der Daten gem. § 6b Abs. 1, 3 BDSG zu unterscheiden. Diese muss für jeden Verarbeitungsschritt separat ermittelt werden.[187] Verarbeitung und Nutzung sind an den ursprünglichen Zweck der Beobachtung gebunden. Davon darf nur in besonderen Ausnahmefällen abgewichen werden.

a) Zweckbindung gem. § 6b Abs. 3 S. 1 BDSG

Die Verarbeitung oder Nutzung der erhobenen Daten ist zulässig, wenn sie zum Erreichen des verfolgten Zwecks erforderlich ist und keine Anhaltspunkte bestehen, dass schutzwürdige Interessen der Betroffenen überwiegen. Der hier verfolgte Zweck muss dabei identisch sein mit dem nach Absatz 1 verfolgten Zweck (Bindung an den originären Zweck).[188] Bei der Erforderlichkeit greifen die schon unter Absatz 1 erläuterten Grundsätze.[189]

---

[183] Anders: Vgl. *Gola/Schomerus*, in: Gola/Schomerus, BDSG, § 6b, Rn. 23.
[184] *Scholz*, in: Simitis, BDSG, § 6b, Rn. 105; *Duhr/Naujok/Peter/Seiffert*, DuD 2002, 5, 29.
[185] *Scholz*, in: Simitis, BDSG, § 6b, Rn. 106; *Duhr/Naujok/Peter/Seiffert*, DuD 2002, 5, 29.
[186] *Scholz*, in: Simitis, BDSG, § 6b, Rn. 107f.
[187] Innenausschuss, Änderung des BDSG, 4.4.2001, BT-Drs. 47/5793, 62.
[188] Vgl. Innenausschuss, Änderung des BDSG, 4.4.2001, BT-Drs. 47/5793, 62.
[189] *Scholz*, in: Simitis, BDSG, § 6b, Rn. 116.

Erfolgt die Videoüberwachung zur Gefahrenabwehr, wird eine Speicherung i. d. R. nicht oder nur kurzfristiges Speichern erforderlich sein, anders dagegen bei einer Beweissicherung zur Aufklärung von Straftaten.[190] Bei Letzterer kommt es insbesondere auf die Geeignetheit an: Lassen die Videoaufnahmen keine ausreichenden Rückschlüsse auf den Täter zu, so ist ihre Verarbeitung oder Nutzung auch nicht erforderlich.[191] Auch hier sind die schutzwürdigen Interessen der Betroffenen zu berücksichtigen: Der Eingriff in das informationelle Selbstbestimmungsrecht ist durch eine Speicherung besonders intensiv, da die Daten für eine weitere Auswertung dauerhaft und jederzeit zur Verfügung stehen.[192] Je leistungsfähiger die technischen Systeme in diesem Kontext sind, desto tiefer greifen sie in die Rechte des Betroffenen ein, desto mehr Gewicht ist diesen Rechten auch in der Interessenabwägung beizumessen.[193]

Eine enge Bindung an den originären Zweck trägt dem Schutz des informationellen Selbstbestimmungsrechts des Betroffenen ausreichend Rechnung. Trotz allem werden auch die Interessen des Arbeitgebers berücksichtigt, indem ihm durch die Interessenabwägung die Möglichkeit eröffnet wird, eine Verwertung oder Nutzung der erhobenen Daten vorzunehmen.

b) Nachträgliche Zweckänderung gem. § 6b Abs. 3 S. 2 BDSG
Von der Zweckbindung darf nur abgewichen werden, soweit dies zur Abwehr von Gefahren für die staatliche und öffentliche Sicherheit sowie zur Verfolgung von Straftaten erforderlich ist. Diese Aufzählung ist abschließend.[194] Eine zweckändernde Herausgabe oder Nutzung des Videomaterials zur Wahrnehmung berechtigter Interessen eines Dritten oder für Werbungszwecke ist daher unzulässig.[195] Für nichtöffentliche Stellen beschränkt sich dieser Anwendungsbereich auf die Übermittlung

---
[190] *Scholz*, in: Simitis, BDSG, § 6b, Rn. 116.
[191] *Scholz*, in: Simitis, BDSG, § 6b, Rn. 116.
[192] *Scholz*, in: Simitis, BDSG, § 6b, Rn. 117.
[193] Vgl. Innenausschuss, Änderung des BDSG, 4.4.2001, BT-Drs. 47/5793, 62.
[194] Ein Rückgriff auf die weiteren in § 28 Abs. 3 BDSG enthaltenen Tatbestände ist damit ausgeschlossen; Innenausschuss, Änderung des BDSG, 4.4.2001, BT-Drs. 47/5793, 62.
[195] Innenausschuss, Änderung des BDSG, 4.4.2001, BT-Drs. 47/5793, 62.

der gewonnenen Daten an die staatlichen Behörden (Polizei, Staatsanwaltschaft), die dann die Gefahrenabwehr oder Strafverfolgung vornehmen.[196]

Nachträgliche Zweckänderungen werden also restriktiv gehandhabt und bieten somit dem Betroffenen einen Schutz vor Umgehungsmöglichkeiten. Der Arbeitgeber kann also nicht Videoaufnahmen unter Angabe eines zulässigen Zweckes erheben und dann nachträglich für andere, nicht zulässige Zwecke verarbeiten oder nutzen. Die Regelungen des § 6b BDSG sind insofern konsistent.

4. Weitere Verfahrensvorgaben gem. § 6b Abs. 4, 5 BDSG

§ 6b BDSG ordnet weiterhin Verfahrensweisen in Bezug auf die erhobenen und verarbeiteten bzw. genutzten Daten an.

a) Benachrichtigungspflicht

§ 6b Abs. 4 BDSG sieht vor, dass sobald die Daten einer bestimmten Person zugeordnet werden, diese über die Verarbeitung oder Nutzung zu informieren ist. Über die Erhebung wurde sie bereits durch Hinweise gem. § 6b Abs. 2 BDSG informiert. Erfolgt also – unabhängig von der Zuordnung – lediglich eine Beobachtung/Datenerhebung, entfällt die Benachrichtigungspflicht.[197] Dem Wortlaut nach entfällt sie ebenfalls, wenn die Person lediglich bestimmbar und nicht bestimmt ist.[198] Wie bereits zuvor erwähnt, dürfte das bei Mitarbeitern nicht relevant werden, da Arbeitgeber ihre Mitarbeiter eigentlich problemlos identifizieren können und die Systeme auch entsprechend einstellen werden.

§ 6 Abs. 4 BDSG bestimmt, dass die Benachrichtigung entsprechend § 33 BDSG zu erfolgen hat. Der Regelungsinhalt des § 33 BDSG geht über § 6b Abs. 2 BDSG hinaus,[199] so dass zusätzliche Angaben zu machen sind. Denn gem. § 33 Abs. 1 S. 1

---

[196] *Scholz*, in: Simitis, BDSG, § 6b, Rn. 124.
[197] *Scholz*, in: Simitis, BDSG, § 6b, Rn. 133.
[198] So auch: *Scholz*, in: Simitis, BDSG, § 6b, Rn. 134.
[199] *Scholz*, in: Simitis, BDSG, § 6b, Rn. 129.

BDSG ist der Betroffene nicht nur über den Datenumgang und die verantwortliche Stelle zu informieren, sondern auch über die Art der Daten und die Zweckbestimmung der Erhebung, Verarbeitung oder Nutzung. Bei einer Übermittlung ist der Betroffene gem. § 33 Abs. 1 S. 3 BDSG auch über die Kategorie der Empfänger zu unterrichten, sofern er im Einzelfall nicht mit einer Übermittlung an diese rechnen musste. Unter Art der Daten sind konkrete Inhaltsbezeichnungen zu verstehen und falls für das Verständnis nötig auch eine Erläuterung zu den Informationskategorien, nach denen die Verhältnisse der Betroffenen in den Unterlagen beschrieben werden wie Kamerastandort, Bildausschnitt, Schwenk- und Zoomfunktionalitäten, Aufnahmezeitpunkt.[200] Bei Mitarbeitern könnte aber die Benachrichtigungspflicht insbesondere wegen der Ausnahme nach § 33 Abs. 2 S. 1 Nr. 1 BDSG entfallen. Nämlich dann, wenn sie auf andere Weise Kenntnis von der Speicherung oder Übermittlung erlangt haben. Eine solche Kenntnisnahme kann z. B. darin liegen, dass die Mitarbeiter an der Ausgestaltung der Maßnahme mitwirken.

Erfolgt die Benachrichtigung trotz ausdrücklicher Pflicht dazu nicht, nicht richtig oder nicht vollständig, so kann das gem. § 43 Abs. 1 Nr. 8, Abs. 3 BDSG mit einer Geldbuße von bis zu 50.000 € oder in Ausnahmefällen mit höheren Summen geahndet werden. Auf Grund des ausdrücklichen Verweises von § 6 Abs. 4 BDSG gilt dies auch unabhängig davon, ob die Videotechnik als automatisierte Verarbeitung qualifiziert wird.[201] Eine Benachrichtigung ist aber in jedem Fall zu empfehlen, vor allem dann, wenn die Aufnahmen in einem gerichtlichen Prozess genutzt werden sollen. Nur so entgeht der Arbeitgeber einer Sanktionierung aufgrund fehlender Benachrichtigung. Auch wenn das Gesetz keinen Zeitpunkt zur Benachrichtigung nennt, sollte diese nicht hinaus gezögert, sondern möglichst zeitnah erfolgen.[202]

---

[200] *Scholz*, in: Simitis, BDSG, § 6b, Rn. 130; *Dix*, in: Simitis, BDSG, § 33, Rn. 16.
[201] *Scholz*, in: Simitis, BDSG, § 6b, Rn. 137; Innenausschuss, Änderung des BDSG, 4.4.2001, BT-Drs. 47/5793, 62. Zur Problematik der automatisierten Verarbeitung s. D.I.4.
[202] Vgl. *Dix*, in: Simitis, BDSG, § 33, Rn. 43.

Die Benachrichtigungspflicht und die Sanktionierung bei Verstoß gewährleisten, dass der Betroffene – sofern er diese nicht schon hat – von der weiteren Datenverarbeitung und -nutzung Kenntnis erhält. Er kann so gezielt gegen einen unzulässigen Datenumgang vorgehen und seine Interessen geltend machen. So wird ihm auch Möglichkeit gegeben sein informationelles Selbstbestimmungsrecht aktiv zu schützen. Die Reglungen des Bundesdatenschutzgesetzes geben ihm dafür eine gute Grundlage.

b) Löschpflicht

Neben der Benachrichtigungspflicht trifft den Arbeitgeber auch eine Löschpflicht. Diese ist in § 6b Abs. 5 BDSG geregelt. Danach sind die Daten unverzüglich zu löschen, wenn sie zur Erreichung des Zwecks nicht mehr erforderlich sind oder wenn schutzwürdige Interessen der Betroffenen einer weiteren Speicherung entgegenstehen. Gemeint sind, folgend aus der Gesetzessystematik und aus § 3 Abs. 4 S. 2 Nr. 5 BDSG, lediglich personenbezogene Daten.[203] Löschen bezeichnet danach die Unkenntlichmachung dieser gespeicherten Daten. Eine bestimmte Methode zur Löschung von Videodaten sieht das Gesetz nicht vor.[204] Die Gesetzesbegründung sieht die automatisierte periodische Löschung z. B. durch Selbstüberschreiben älterer Aufnahmen als am wirksamsten an.[205]

Bei der Alternative der entgegenstehenden Interessen des Betroffenen ist die Erforderlichkeit der Daten nicht noch zusätzlich zu prüfen, sie ist nur zu prüfen, wenn keine Interessen entgegenstehen.[206] Die Perspektive der Interessenabwägung ist hier sehr viel konkreter als in den Absätzen 1 und 3. Der Betroffene ist genau bekannt und nicht nur vorausschauend abgegrenzt. Daher kann auf den Zusatz Anhaltspunkte verzichtet und konkret mit seinen realen und nicht nur hypothetischen Interessen abgewogen werden.

---

[203] *Scholz*, in: Simitis, BDSG, § 6b, Rn. 138.
[204] *Scholz*, in: Simitis, BDSG, § 6b, Rn. 145; vgl. auch § 3 Abs. 4 S. 2 BDSG.
[205] Innenausschuss, Änderung des BDSG, 4.4.2001, BT-Drs. 47/5793, 63.
[206] Vgl. Innenausschuss, Änderung des BDSG, 4.4.2001, BT-Drs. 47/5793, 62.

Die beiden Alternativen des Löschgebots implizieren bereits die Verpflichtung der verantwortlichen Stelle, sich alsbald mit dem erhobenen Videomaterial auseinanderzusetzen, um zu klären, inwiefern das Löschgebot greift.[207] Die ausdrückliche Anordnung der Unverzüglichkeit bestimmt dabei keine fixe, zeitliche Grenze, sondern kann im Einzelfall auch variieren.[208] Der Gesetzgeber geht jedoch von einer Klärung innerhalb von ein bis zwei Arbeitstagen aus.[209]

Auch durch die Löschpflicht wird der Schutz des informationellen Selbstbestimmungsrechts gewährleistet und zwischen den widerstreitenden Positionen von Arbeitgeber und Beschäftigtem vermittelt. Dem Arbeitgeber wird die Option eröffnet, die Daten so lange wie notwendig zu speichern. Sind seine Interessen aber im Vergleich mit denen des Beschäftigten weniger schutzwürdig, so wird dem Interesse des Beschäftigten Vorrang gewährt.[210] Insofern wurde ein guter Ausgleich zwischen beiden Positionen gefunden, der eine auf den Einzelfall passende Lösung ermöglicht, ohne dass eine Partei generell Vorrang genießt.

5. Ergebnisse

Zusammenfassend lässt sich sagen, dass die offene, gezielte Videoüberwachung von Mitarbeitern öffentlich zugänglicher Räume grundsätzlich zulässig sein kann. Dazu muss sie allerdings an einen von vorherein festgelegten Zweck gebunden sein. Ein solcher kann nicht in der Leistungsüberwachung der Mitarbeiter, wohl aber in der Prävention und Aufklärung von Straftaten durch Mitarbeiter liegen. Die Interessen der Mitarbeiter sind dabei angemessen zu berücksichtigen. Auf eine solche Videoüberwachung ist hinzuweisen.

Sollen die erhobenen Daten verarbeitet oder genutzt werden, so muss eine erneute Interessenabwägung stattfinden. Die Verarbeitung oder Nutzung darf nur zum

---

[207] Vgl. Innenausschuss, Änderung des BDSG, 4.4.2001, BT-Drs. 47/5793, 63.
[208] *Scholz*, in: Simitis, BDSG, § 6b, Rn. 140, 143f. mit Beispielen.
[209] Vgl. Innenausschuss, Änderung des BDSG, 4.4.2001, BT-Drs. 47/5793, 63.
[210] Vgl. *Gola/Schomerus*, in: Gola/Schomerus, BDSG, § 6b, Rn. 30.

originär festgelegten Zweck oder davon abweichend zur Verfolgung von Straftaten erfolgen. Die Betroffenen sind darüber zu benachrichtigen.

Werden die Daten nicht mehr benötigt oder überwiegen die Interessen der Betroffenen, sind sie unverzüglich zu löschen.

Der § 6b BDSG in seiner Gesamtheit berücksichtigt an vielen Stellen die widerstreitenden Parteiinteressen und vermittelt durch eine Interessenabwägung zwischen diesen. Das informationelle Selbstbestimmungsrecht des Beschäftigten wird als gewichtig eingestuft und z. B. durch die Bindung an den originären Zweck entsprechend berücksichtigt. Aber auch dem Arbeitgeber werden Möglichkeiten eröffnet, mit den Daten aus berechtigten Gründen umzugehen. Vielfach werden Umgehungsmöglichkeiten, z. B. durch die Verwendung einer anderen Technologie, vermieden. Allerdings gibt es bei diesem Paragrafen im Kontext des BDSG einige systematische Probleme und begriffliche Unklarheiten, die nur bei intensiver Beschäftigung mit der Thematik verständlich werden. Insofern besteht Verbesserungsbedarf.

II. Die heimliche Videoüberwachung

Unter Umständen wird der Arbeitgeber seine Beschäftigten heimlich – also ohne deren Kenntnis – überwachen wollen bzw. dies für erforderlich halten. Wie bereits unter C.II dargestellt, greift eine heimliche Videoüberwachung besonders stark in das Persönlichkeitsrecht des Beschäftigten ein, da er sein Verhalten nicht anpassen kann. In den Fällen, in denen er darüber informiert ist, dass der Arbeitgeber (bei bestimmten Gelegenheiten) zur heimlichen Videoaufzeichnung greift, passt er sich permanent diesem latenten Überwachungsdruck an.[211] Aufgrund dessen und der Ergebnisse der vorherigen Konstellation bei der offenen Videoüberwachung ist es eindeutig, dass die heimliche Videoüberwachung zur Leistungs- und Verhaltens-

---

[211] BAG, Urt. v. 27.3.2003, 2 AZR 51/02, NZA 2003, 1193, 1194.

überwachung unzulässig ist.[212] Zur Prävention von Straftaten ist die heimliche Überwachung auch nur dann geeignet, wenn der Beschäftige auf sie eingestellt ist. Dazu muss er zumindest wissen, dass sie eingesetzt werden kann. Außer in den Fällen, in denen eine solche in einer Betriebsvereinbarung geregelt ist, dürfte den Mitarbeitern die Möglichkeit der heimlichen Videoüberwachung beim konkreten Arbeitgeber jedoch nicht hinlänglich bekannt sein. Daher wird im Folgenden nur von einer Aufdeckung von Straftaten und anderen schweren Verfehlungen gegen den Arbeitgeber als Motiv zum Einsatz von Videoüberwachung ausgegangen. Ein solches Verhalten ist meist auf Heimlichkeit ausgelegt und es ist schwierig bzw. unmöglich, diesem mit einer offenen Überwachung effektiv zu begegnen.[213]

1. Heimliche Videoüberwachung im Kontext des Direkterhebungsgebots: § 6b BDSG als Rechtsgrundlage

Generell widerspricht die heimliche Überwachung dem Grundsatz der Direkterhebung gem. § 4 Abs. 2 S. 1 BDSG. Danach sind personenbezogene Daten beim Betroffenen zu erheben. Eine solche Erhebung setzt zwingend dessen Kenntnis voraus, selbst wenn der Wortlaut dies nicht ausdrücklich verlangt.[214] Eine Ausnahme davon sieht § 4 Abs. 2 S. 2 Nr. 1 BDSG vor: Ohne Mitwirkung des Betroffenen dürfen personenbezogene Daten nur erhoben werden, wenn eine Rechtsvorschrift dies vorsieht oder zwingend voraussetzt.

Eine solche Rechtsvorschrift könnte in § 6b BDSG gegeben sein. Gem. § 6b Abs. 2 BDSG ist auf die Videoüberwachung öffentlich zugänglicher Räume hinzuweisen. Daraus könnte geschlossen werden, dass eine heimliche Überwachung generell unzulässig ist.[215] Bereits vor Einführung von § 6b BDSG hat das

---

[212] So auch: ULD Schleswig-Holstein, 33. TB 2011, 5.1.4, 79.
[213] BAG, Urt. v. 27.3.2003, 2 AZR 51/02, NZA 2003, 1193, 1195.
[214] *Sokol*, in: Simitis, BDSG, § 4, Rn. 20.
[215] So z. B. *Bayreuther*, NZA 2005, 1038, 1040.

Bundesarbeitsgericht allerdings Situationen anerkannt, in denen eine heimliche Videoüberwachung zulässig war.[216]

Erst 2012 ist es in einer Entscheidung explizit auf diese Fragestellung eingegangen und hat wie folgt argumentiert: In den Absätzen 1 und 3 des § 6b BDSG ist weder für die Erhebung noch Verarbeitung oder Nutzung aufgeführt, dass die Kennzeichnungspflicht gem. Absatz 2 eine Zulässigkeitsvoraussetzung ist.[217] Auch aus den Materialien zum Gesetzgebungsprozess[218] lässt sich nichts Anderes erkennen, vielmehr soll dieser Absatz der allgemeinen Verfahrenssicherung dienen.[219] Ein absolutes Verbot der heimlichen Videoüberwachung begegnet zudem verfassungsrechtlichen Bedenken.[220] Dem Arbeitgeber würde dadurch u. U. das einzig effektive Mittel zur Aufklärung von Straftaten genommen und die Interessenabwägung immer zugunsten des Beschäftigten entschieden werden.[221] Daher müssen im Einzelfall die gegenläufigen Grundrechtspositionen unter Wahrung des Verhältnismäßigkeitsgrundsatzes gegeneinander abgewogen werden, so wie schon in § 6b Abs. 1 Nr. 3 BDSG formuliert.[222]

Dabei ist zu berücksichtigen, dass mit der heimlichen Videoüberwachung u. U. zwar ebenfalls in das Persönlichkeitsrecht unschuldiger Mitarbeiter eingegriffen wird, jedoch ein gezielter und kurzzeitiger Einsatz ggf. weniger schwer wiegt als eine dauerhafte offene und präventive Überwachung.[223] Darüber hinaus kann ein solcher Einsatz auch geeignet sein, diese Mitarbeiter vom Verdacht der Straftat oder Verfehlung zu entlasten.[224]

---

[216] BAG, Urt. v. 27.3.2003, 2 AZR 51/02, NZA 2003, 1193, 1195.
[217] BAG, Urt. v. 21.6.2012, 2 AZR 153/11, Rn. 40, NZA 2012, 1025, 1029.
[218] RegE, Änderung des BDSG, 13.10.2000, BT-Drs. 14/4329, 28, 30, 38 und Innenausschuss, Änderung des BDSG, 4.4.2001, BT-Drs. 14/5793, 61f.
[219] BAG, Urt. v. 21.6.2012, 2 AZR 153/11, Rn. 40, NZA 2012, 1025, 1029.
[220] BAG, Urt. v. 21.6.2012, 2 AZR 153/11, Rn. 41, NZA 2012, 1025, 1029.
[221] Vgl. *Byers/Pracka*, BB 2013, 760, 762.
[222] BAG, Urt. v. 21.6.2012, 2 AZR 153/11, Rn. 41, NZA 2012, 1025, 1029.
[223] Vgl. *Bayreuther*, NZA 2005, 1038, 1041.
[224] BAG, Urt. v. 27.3.2003, 2 AZR 51/02, NZA 2003, 1193, 1195.

So hat das BAG klargestellt, dass sich aus der Hinweispflicht nach § 6b Abs. 2 BDSG nicht ergibt, dass die Videoüberwachung in öffentlich zugänglichen Räumen ausschließlich offen erfolgen darf.[225] Folglich kann die heimliche Videoüberwachung in öffentlich zugänglichen Räumen auf § 6b Abs. 1 BDSG gestützt werden, der eine Rechtsvorschrift i. S. d. § 4 Abs. 2 S. 2 Nr. 1 BDSG darstellt, so dass eine rechtlich legitimierte Ausnahme vom Direkterhebungsgrundsatz vorliegt.

2. Zusätzliche Zulässigkeitsvoraussetzungen

Eine verdeckte Videoüberwachung kann nach § 6b Abs. 1 Nr. 3 BDSG dann zulässig sein, wenn sie das einzige Mittel zur Überführung von Beschäftigten ist, die der Begehung von Straftaten oder anderen schweren Verfehlungen zu Lasten des Arbeitgebers konkret verdächtigt werden.[226] Die Zweckbindung des § 6b Abs. 1 Nr. 3 BDSG wird damit auf die Aufklärung von Straftaten und schweren Verfehlungen durch Beschäftigte präzisiert.

Über die Voraussetzungen der offenen Videoüberwachung hinaus fordert das Bundesarbeitsgericht[227] für die Zulässigkeit einer verdeckten Videoüberwachungsmaßnahme das Vorliegen weiterer Kriterien: So muss die heimliche Videoüberwachung das einzig verbleibende Mittel sein, um die Straftat aufzuklären und alle anderen Aufklärungsmöglichkeiten, wie auch Mittel, die der weiteren Einschränkung des Verdächtigenkreises dienen könnten, müssen bereits ausgeschöpft sein.

Weiterhin muss der Verdacht konkret sein.[228] Eine allgemeine Mutmaßung, dass Straftaten begangen worden sein könnten, reicht nicht aus.[229] Der Verdacht muss sich auf einen abgrenzbaren Kreis von Beschäftigten beziehen, jedoch nicht unbedingt auf

---
[225] BAG, Urt. v. 21.6.2012, 2 AZR 153/11, Rn. 38, NZA 2012, 1025, 1029.
[226] BAG, Urt. v. 21.6.2012, 2 AZR 153/11, Rn. 30, 39, NZA 2012, 1025, 1028f.
[227] BAG, Urt. v. 21.6.2012, 2 AZR 153/11, Rn. 30, NZA 2012, 1025, 1028.
[228] BAG, Urt. v. 21.6.2012, 2 AZR 153/11, Rn. 30, NZA 2012, 1025, 1028.
[229] BAG, Urt. v. 21.6.2012, 2 AZR 153/11, Rn. 30, NZA 2012, 1025, 1028.

nur einen einzelnen, bestimmten Arbeitnehmer.[230] Die Eingrenzung kann funktional oder räumlich stattfinden.[231]

Durch die Ausrichtung der verdeckten Videoüberwachung auf einen möglichst kleinen Verdächtigenkreis werden weniger Mitarbeiter durch die Überwachungsmaßnahme in ihrem informationellen Selbstbestimmungsrecht beeinträchtigt. Für den Arbeitgeber wird das bei der Interessenabwägung positiv berücksichtigt. Für einen späteren Gerichtsprozess ist eine Dokumentation ratsam.

Die heimliche Videoüberwachung ist zeitlich zu begrenzen.[232] Wird der Verdacht aufgeklärt oder erweist sich die Aufklärung als erfolglos, so ist die Überwachung einzustellen.[233]

3. Ergebnisse

Mit dem jüngsten Urteil des Bundesarbeitsgerichtes[234] wurde ein jahrelanger Meinungsstreit entschieden: Seit der Einführung des § 6b BDSG war heftig umstritten, ob die von der Rechtsprechung entwickelten Grundsätze zur Zulässigkeit der heimlichen Videoüberwachung aufrechterhalten werden können.[235] So wurde die Zulässigkeit aufgrund von § 6b Abs. 2 BDSG teilweise abgelehnt[236] und auch in der Rechtsprechung unterschiedlich beurteilt.[237]

Die heimliche Videoüberwachung öffentlich zugänglicher Räume ist nun höchstrichterlich geklärt: Sie stützt sich ebenfalls auf § 6b BDSG, ist aber nur unter den beschriebenen, zusätzlichen Voraussetzungen zulässig. Zur Förderung der

---

[230] *Byers/Pracka*, BB 2013, 760, 763; BAG, Urt. v. 21.6.2012, 2 AZR 153/11, Rn. 30, NZA 2012, 1025, 1028.
[231] *Byers/Pracka*, BB 2013, 760, 763; *Bayreuther*, NZA 2005, 1038, 1040; BAG, Urt. v. 27.3.2003, 2 AZR 51/02, NZA 2003, 1193, 1195; BAG, Urt. v. 21.6.2012, 2 AZR 153/11, Rn. 30, NZA 2012, 1025, 1028.
[232] *Byers/Pracka*, BB 2013, 760, 763.
[233] *Byers/Pracka*, BB 2013, 760, 763.
[234] BAG, Urt. v. 21.6.2012, 2 AZR 153/11, NZA 2012, 1025.
[235] *Grimm/Schiefer*, RdA 2009, 329, 334.
[236] *Bayreuther*, NZA 2005, 1038, 1040 m. w. N.
[237] Vgl. zu einem Überblick: *Bergwitz*, NZA 2012, 1205, 1206f.

Rechtssicherheit und Verständlichkeit der Regelungen für alle Beteiligten muss, angesichts des § 4 Abs. 2 S. 2 Nr. 1 BDSG, der für die Zulässigkeit das Vorliegen einer Erlaubnisnorm voraussetzt, gerade mit Blick auf die Schwere des Eingriffs in das Persönlichkeitsrecht des Beschäftigten, die heimliche Videoüberwachung explizit in das Gesetz aufgenommen werden. Die Regelung sollte unter Berücksichtigung der vom Bundesarbeitsgericht entwickelten Vorgaben ausgestaltet werden. Insofern erscheint das BDSG für die Durchführung verdeckter Videoüberwachungen in öffentlich zugänglichen Räumen bisher als lückenhaft.

F. Die Videoüberwachung in nicht öffentlich zugänglichen Räumen

Auch in nicht öffentlich zugänglichen Räumen kann eine Videoüberwachung vom Arbeitgeber erwünscht sein. Dabei sind ebenfalls die offene und heimliche Überwachung zu unterscheiden.

I. Die offene Videoüberwachung

Die offene Videoüberwachung in nicht öffentlich zugänglichen Räumen findet im Bundesdatenschutzgesetz keine direkte Erwähnung. Daher stellt sich die Frage, ob das Bundesdatenschutzgesetz trotzdem eine Norm bereithält, die als Erlaubnisnorm i. S. v. § 4 Abs. 1 BDSG angesehen werden kann.

1. Keine analoge Anwendung von § 6b BDSG

Zunächst könnte erwogen werden, § 6b BDSG analog anzuwenden. Voraussetzung dafür ist eine planwidrige Regelungslücke, so dass ein gesetzlich geregelter Tatbestand auf einen ungeregelten, aber ähnlichen Tatbestand übertragen werden kann.[238] An dieser planwidrigen Regelungslücke fehlt es allerdings bei der offenen Videoüberwachung von nicht öffentlich zugänglichen Räumen,[239] denn der

---

[238] *Honsell*, in: Staudinger, BGB, Eckpfeiler des Zivilrechts, Einleitung zum BGB, Rn. 61.
[239] *Byers/Pracka*, BB 2013, 760, 763.

Gesetzgeber hat dies bewusst nicht mit § 6b BDSG regeln wollen und für eine separate Regelung vorgesehen[240].

2. § 32 BDSG als Rechtsgrundlage

Als Rechtsgrundlage käme nun § 32 BDSG in Frage. Dieser Paragraf regelt den Datenumgang im Beschäftigungsverhältnis. Die Regelung wurde 2009 in das Bundesdatenschutzgesetz aufgenommen.[241] Es soll sich um eine allgemeine Verankerung des Beschäftigtendatenschutzes handeln, die zu einem späteren Zeitpunkt abschließenden Arbeitnehmerdatenschutzregelungen weicht.[242] Ein Entwurf[243] zu Letzteren wurde zwar erarbeitet, jedoch nicht umgesetzt[244]. Nun gilt es zunächst, auf die Entwicklungen zu einer Datenschutz-Grundverordnung[245] auf europäischer Ebene zu warten.

Der Paragraf sollte einer erwarteten Gesetzesänderung jedoch nicht vorgreifen oder sie entbehrlich machen, sondern lediglich die von der Rechtsprechung erarbeiteten Grundsätze zusammenfassen.[246] Die Anwendbarkeit von § 28 Abs. 1 Nr. 1 BDSG, auf dessen alte Fassung vor der Novelle die Arbeitnehmerüberwachung gestützt wurde,[247] wird von § 32 BDSG ausgeschlossen[248]. Bei § 32 BDSG handelt es sich gegenüber § 28 Abs. 1 BDSG um lex specialis für Arbeitsplätze.[249] § 28 Abs. 1 S. 1 Nr. 2, 3 BDSG sind insofern für das Verhältnis Beschäftigter – Arbeitgeber nur noch für andere, nicht mit dem Beschäftigungsverhältnis in Zusammenhang stehende Zwecke anwendbar.[250]

---

[240] RegE, Änderung des BDSG, 13.10.2000, BT-Drs. 14/4329, 38.
[241] BGBl. I, 2814, 2817.
[242] BT, Änderung des BDSG, 18.2.2009, BT-Drs. 16/12011, 53.
[243] RegE, Beschäftigtendatenschutz, 15.12.2010, BT-Drs. 17/4230.
[244] Vgl. *Jahn*, FAZ v. 29.1.2013.
[245] Kommission, Datenschutz-Grundverordnung v. 25.1.2012, KOM(2012) 11 endgültig.
[246] Innenausschuss, Änderung des BDSG, 1.7.2009, BT-Drs. 16/13657, 20.
[247] *Schmidt*, DuD 2010, 207, 207.
[248] Innenausschuss, Änderung des BDSG, 1.7.2009, BT-Drs. 16/13657, 20.
[249] *Schmidt*, DuD 2010, 207, 208.
[250] Innenausschuss, Änderung des BDSG, 1.7.2009, BT-Drs. 16/13657, 20f.

§ 32 Abs. 2 BDSG weitet – wie auch § 6b Abs. 1 BDSG – den Anwendungsbereich des Bundesdatenschutzgesetzes punktuell aus.[251] Absatz 1 ist danach auch auf den Datenumgang anzuwenden, der nicht automatisiert oder in oder aus einer nicht automatisierten Datei erfolgt. Somit ist auch an dieser Stelle die Frage der Einordnung der Videotechnologie obsolet und ausschließlich für die damit zusammenhängenden weiteren Pflichten relevant.[252] Im Gegensatz zu der Ausweitung bei § 6b Abs. 1 BDSG[253] ist die Ausweitung bei § 32 Abs. 2 BDSG an der richtigen Stelle im Gesetz verankert. Es handelt sind bei § 32 BDSG um eine Regelung, die nur die Datenverarbeitung nicht-öffentlicher Stellen und öffentlich-rechtlicher Wettbewerbsunternehmen betrifft. Für die Datenverarbeitung dieser Stellen regelt § 27 BDSG einen engen, spezifischen Anwendungsbereich,[254] der durch § 32 BDSG wieder ausgeweitet wird, sogar über den Anwendungsbereich des Bundesdatenschutzgesetzes hinaus.[255] Dies geschieht, damit möglichst viele Umgangsformen[256] der Datenverarbeitung von Beschäftigtendaten erfasst und unter den gesetzlichen Schutz gestellt werden. Schließlich ist der Beschäftigte häufig in der schwächeren Position gegenüber dem Arbeitgeber als verantwortlicher Stelle. Bei § 6b BDSG dagegen handelt es sich um eine Regelung, die im Wesentlichen für alle verantwortlichen Stellen gilt, unabhängig davon ob es sich um privatwirtschaftliche Arbeitgeber oder öffentliche Stellen handelt und daher Eingang in den Abschnitt der allgemeinen und gemeinsamen Bestimmungen gefunden hat, in dem auch der Anwendungsbereich des gesamten BDSG definiert wird.

Da es auf die Methode, wie mit den Beschäftigtendaten umgegangen wird, bei § 32 BDSG nicht an kommt, wird auch der Datenumgang mittels Videoüberwachungsanlagen erfasst. Folglich bildet § 32 BDSG den richtigen

---

[251] Vgl. *Seifert*, in: Simitis, BDSG, § 32, Rn. 14; vgl. *Bausewein*, DuD 2011, 94, 96f.
[252] S. dazu D.I.4.
[253] Vgl. E.I.1.a)cc).
[254] *Seifert*, in: Simitis, BDSG, § 32, Rn. 14.
[255] Vgl. *Bausewein*, DuD 2011, 94, 96f.
[256] Vgl. *Gola/Schomerus*, in: Gola/Schomerus, BDSG, § 32, Rn. 7, 9.

Prüfungsrahmen für eine offene Videoüberwachung in nicht öffentlich zugänglichen Räumen.

3. Videoüberwachung im regulären Verlauf eines Beschäftigungsverhältnisses, § 32 Abs. 1 S. 1 BDSG

Für die Zwecke des Beschäftigungsverhältnisses dürfen die personenbezogenen Daten eines Beschäftigten erhoben, verarbeitet oder genutzt werden, wenn dies erforderlich für die Begründung, Durchführung[257] oder Beendigung des Beschäftigungsverhältnisses ist.

a) Zwecke des Beschäftigungsverhältnisses

Wie bei § 6b BDSG unterliegt auch hier die Maßnahme einer Zweckbindung. Sie muss für die Zwecke des Beschäftigungsverhältnisses erfolgen. Dazu zählen in erster Linie natürlich die gegenseitigen Hauptleistungspflichten gem. § 611 Abs. 1 BGB: Arbeitsleistung und Entlohnung. Aber auch die vertraglichen Nebenpflichten sind für die ordnungsgemäße Erfüllung des Vertrages notwendig.[258] So ist der Beschäftigte gem. § 241 Abs. 2 BGB zur Rücksichtnahme auf die Rechte, Rechtsgüter und Interessen des Arbeitgebers verpflichtet und umgekehrt. Damit sind Daten, die der Arbeitgeber zur Erfüllung seiner Pflichten, aber auch zur Wahrnehmung seiner Rechte gegenüber dem Arbeitnehmer, vernünftigerweise benötigt, zur Durchführung des Beschäftigungsverhältnisses bestimmt.[259]

Als Zwecke für das Beschäftigungsverhältnis anzusehen sind folglich auch Maßnahmen zur Kontrolle, ob der Beschäftigte den geschuldeten Pflichten nachkommt.[260] Der Arbeitgeber darf die Ausführung der Arbeitnehmerpflichten

---

[257] Zur leichteren sprachlichen Gestaltung wird nachfolgend nur noch auf die Durchführung eingegangen. Diese Alternative kommt auch den relevanten Fallgestaltungen wie einer Leistungskontrolle am nächsten.
[258] *Reichhold*, in: Münchner Handbuch ArbR, Band 1, § 47, Rn. 12.
[259] *Gola/Schomerus*, in: Gola/Schomerus, BDSG, § 32, Rn. 11.
[260] *Gola/Schomerus*, in: Gola/Schomerus, BDSG, § 32, Rn. 11.

anhand von Leistungs- und Verhaltensdaten beurteilen.[261] Auch der Gesetzgeber sieht die Leistungs- und Verhaltenskontrolle ausdrücklich für § 32 Abs. 1 S. 1 BDSG vor.[262]

Die Zulässigkeit von Maßnahmen zur Verhinderung von Straftaten oder sonstigen Rechtsverstößen soll sich (nach dem Willen des Gesetzgebers) ebenfalls nach dieser Vorschrift richten.[263] In der Literatur wird das teilweise eingeschränkt.[264] In Hinblick auf die obige Erläuterung zu den vertraglichen Pflichten und mit Blick auf § 6b BDSG, der eine Präventivabwehr mit einer eingriffsintensiver Technologie zulässt, muss als Zweck anerkannt werden und ggf. muss die Maßnahme im Rahmen der Rechtfertigung Einschränkungen erfahren. Insofern sollten die bei § 6b genannten Maßstäbe für eine Vermeidung von Straftaten ebenso gelten.[265]

Videokameras, die der Wahrnehmung berechtigter Sicherheitsinteressen dienen, z. B. in einer Bank, dürfen nicht zur Beschäftigtenüberwachung eingesetzt werden.[266] Dies würde der Zweckbindung der Maßnahme zuwider laufen.

b) Rechtfertigung der Videoüberwachung

Auch bei § 32 BDSG ist die Zulässigkeit des Datenumgangs an die Erforderlichkeit für das Beschäftigungsverhältnis, also den Zweck der Maßnahme, geknüpft. Damit ist nicht gemeint, dass die Videoüberwachung selbst zur Durchführung des Beschäftigungsverhältnisses erforderlich sein muss, sondern dass sie für die

---

[261] *Gola/Schomerus*, in: Gola/Schomerus, BDSG, § 32, Rn. 11; BAG, Urt. v. 28.3.1979, 5 AZR 80/77, AP BPersVG § 75 Nr. 3, II; vgl. *Seifert*, in: Simitis, BDSG, § 32, Rn. 77.
[262] Innenausschuss, Änderung des BDSG, 1.7.2009, BT-Drs. 16/13657, 21.
[263] Innenausschuss, Änderung des BDSG, 1.7.2009, BT-Drs. 16/13657, 21; *Ambs*, in: Erbs/Kohlhass, Strafrechtliche Nebengesetze, D25, § 32 BDSG.
[264] Vgl. *Seifert*, in: Simitis, BDSG, § 32, Rn. 80.
[265] Vgl. zur objektiven Begründbarkeit der Gefährdungslage E.I.1.c)bb). So auch: *Thüsing*, in: Thüsing, Arbeitnehmerdatenschutz und Compliance, Rn. 68.
[266] *Franzen*, in: ErfK ArbR, BDSG, § 32, Rn. 18.

Wahrnehmung der Rechte, die im Zusammenhang mit der Durchführung des Beschäftigungsverhältnisses stehen, erforderlich sein muss.[267]

Sie müsste folglich für die Leistungsüberwachung bzw. die Prävention von Straftaten geeignet und zugleich das relativ mildeste Mittel sein, um diesen unternehmerischen Interessen bei der Durchführung des Beschäftigungsverhältnisses Rechnung zu tragen.[268] An der grundsätzlichen Eignung der Videoüberwachung zur Verfolgung dieser Zwecke, ändert auch die Überwachung eines nicht öffentlichen Raumes nichts.[269] Bei der Prüfung des mildesten Mittels steht dem Unternehmer im Rahmen seiner Unternehmerfreiheit ein Entscheidungsspielraum über die Betriebsorganisation zu, bei dem auch wirtschaftliche Aspekte zum Tragen kommen.[270] Für jede Stufe des Datenumgangs ist dabei die Erforderlichkeit erneut zu prüfen.[271] Für eine Leistungsüberwachung ist die Erforderlichkeit – wie bei § 6b BDSG –aufgrund verfügbarer milderer Mitteln i. d. R. nicht gegeben.[272]

Auch wenn § 32 Abs. 1 S. 1 BDSG dies nicht ausdrücklich erwähnt: Die Angemessenheit der Maßnahme wird vorausgesetzt und erfordert die oben beschriebene Interessenabwägung unter Berücksichtigung der Eingriffsintensität.[273] Für den Arbeitgeber ergibt sich das schon aus den vertraglichen Nebenpflichten, die ihn zur Achtung der Rechte, Rechtsgüter und Interessen des Beschäftigten anhalten.[274]

§ 32 Abs. 1 S. 1 BDSG kann zwar insofern nicht als lückenhaft betrachtet werden, als dass er den Schutz der Beschäftigteninteresse berücksichtigt, indem er eine

---

[267] *Byers/Pracka*, BB 2013, 760, 764; vgl. Innenausschuss, Änderung des BDSG, 1.7.2009, BT-Drs. 16/13657, 21.
[268] Vgl. *Seifert*, in: Simitis, BDSG, § 32, Rn. 11.
[269] Vgl. E.I.1.e).
[270] *Gola/Schomerus*, in: Gola/Schomerus, BDSG, § 32, Rn. 12.
[271] Vgl. *Franzen*, in: ErfK ArbR, BDSG, § 32, Rn. 17.
[272] S. E.I.1.e).
[273] *Thüsing*, in: Thüsing, Arbeitnehmerdatenschutz und Compliance, Rn. 362; vgl. *Gola/Schomerus*, in: Gola/Schomerus, BDSG, § 32, Rn. 14f. Zu den Abwägungsmaßstäben siehe auch C.IV.
[274] *Schmidt*, DuD 2010, 207, 212.

Rechtfertigung und Angemessenheit der Videoüberwachungsmaßnahme erfordert. Dennoch handelt es sich um eine nicht abschließend durchdachte Regelung. Sie bleibt schwammig, insofern sie Tatbestandsmerkmale wie die Angemessenheit nicht ausdrücklich erwähnt und vielmehr auf den Sachverstand der verantwortlichen Stelle, des Betroffenen oder der Rechtsbeistände abstellt. Insgesamt besteht hier Korrekturbedarf.

4. Aufdeckung von Straftaten, § 32 Abs. 1 S. 2 BDSG

Zur Aufklärung von Straftaten findet der § 32 Abs. 1 S. 2 Anwendung. Danach dürfen personenbezogene Beschäftigtendaten nur dann erhoben, verarbeitet oder genutzt werden, wenn zu dokumentierende tatsächliche Anhaltspunkte den Verdacht begründen, dass der Betroffene im Beschäftigungsverhältnis eine Straftat begangen hat. Die Erhebung, Verarbeitung oder Nutzung muss zur Aufdeckung erforderlich sein und das entgegenstehende Interesse des Betroffenen am Ausschluss dieser darf nicht überwiegen. Insbesondere dürfen Art und Ausmaß der Maßnahme im Hinblick auf den Anlass nicht unverhältnismäßig sein.[275]

a) Die im Beschäftigungsverhältnis begangene Straftat

Im Beschäftigungsverhältnis begangen ist die Straftat, wenn sie im unmittelbaren Zusammenhang mit diesem steht.[276] Ein direkter Bezug zur Leistungshandlung ist dabei nicht erforderlich.[277] Somit zählen auch nach Feierabend begangene, aber mit dem Arbeitsverhältnis in Zusammenhang stehende Taten dazu. Die Taten lassen sich in zwei Kategorien gliedern: Taten, die bei der Ausübung der übertragenen Tätigkeit direkt begangen werden – wie die Geldwäsche durch einen Bankmitarbeiter – oder Taten, die im Zusammenhang mit der Arbeitsaufgabe stehen – wie Diebstähle von Betriebsmitteln.[278]

---

[275] Innenausschuss, Änderung des BDSG, 1.7.2009, BT-Drs. 16/13657, 21.
[276] *Byers/Pracka*, BB 2013, 760, 764.
[277] *Franzen*, in: ErfK ArbR, BDSG, § 32, Rn. 30.
[278] *Byers/Pracka*, BB 2013, 760, 764.

Ordnungswidrigkeiten und Vertragsverletzungen anderer schwerwiegender Art sind dem Wortlaut nach nicht von § 32 Abs. 1 S. 2 BDSG erfasst.[279] Vor dem Hintergrund, dass es sich bei dem Paragrafen um eine kurzfristig eingefügte Zwischenlösung handelt, kann dieses Ergebnis nicht gewollt sein.[280] So ist auch der § 32e BDSG-E des verworfenen Beschäftigtendatenschutzgesetzes zu interpretieren, bei dem auch schwerwiegende Pflichtverletzungen einbezogen werden.[281] Auch die Rechtsprechung, an der sich der Gesetzgeber laut seiner Begründung orientiert, erfasst andere schwere Verfehlungen des Beschäftigten zulasten des Arbeitgebers.[282]

b) Begründeter Verdacht gegen den Betroffenen

Der Verdacht einer strafbaren Handlung durch den Betroffenen muss sich ergeben haben, d. h. es müssen zumindest Tatsachen vorliegen, die gesicherte Hinweise auf eine Straftat enthalten, auch wenn sie den Straftatbestand noch nicht erfüllen.[283] Über den genauen Grad des Verdachts äußert sich das Gesetz nicht.[284] Berücksichtigung findet dieser allerdings in der Verhältnismäßigkeitsabwägung.[285]

Verdachtsunabhängig kann die Aufklärung nach § 32 Abs. 1 S. 2 BDSG jedenfalls nicht erfolgen.[286] Im Fall einer Straftat, bei der genauere Verdachtsmomente erst noch ermittelt werden müssen, müssen also Maßnahmen zur Filterung dieser vorgeschaltet werden.[287] Dabei muss es sich nicht zwangsweise um eine Videoüberwachung handeln, andere Maßnahmen sind denkbar. Die Zulässigkeit solcher Maßnahmen richtet sich datenschutzrechtlich nach § 32 Abs. 1 S. 1 BDSG.[288] Bestätigen diese Maßnahmen den Verdacht zwar, liefern dennoch aber keine

---

[279] *Franzen*, in: ErfK ArbR, BDSG, § 32, Rn. 31.
[280] *Franzen*, in: ErfK ArbR, BDSG, § 32, Rn. 31; vgl. als a. A. *Seifert*, in: Simitis, BDSG, § 32, Rn. 102.
[281] RegE, Beschäftigtendatenschutz, 15.12.2010, BT-Drs. 17/4230, 8.
[282] Innenausschuss, Änderung des BDSG, 1.7.2009, BT-Drs. 16/13657, 21; BAG, Urt. v. 27.3.2003, 2 AZR 51/02, NZA 2003, 1193, 1195.
[283] *Ambs*, in: Erbs/Kohlhass, Strafrechtliche Nebengesetze, D25, § 32 BDSG; *Gola/Schomerus*, in: Gola/Schomerus, BDSG, § 32, Rn. 26.
[284] *Seifert*, in: Simitis, BDSG, § 32, Rn. 104.
[285] *Seifert*, in: Simitis, BDSG, § 32, Rn. 104; Innenausschuss, Änderung des BDSG, 1.7.2009, BT-Drs. 16/13657, 21.
[286] *Schmidt*, DuD 2010, 207, 211.
[287] Vgl. *Schmidt*, DuD 2010, 207, 211.
[288] Vgl. dazu ausführlich: *Schmidt*, DuD 2010, 207, 210f.

Ergebnisse über Beschäftigte und kommen auch andere Personen nicht in Betracht, so schlägt die Aufklärung insgesamt fehl. Das kann aber – ähnlich wie bei § 6b BDSG[289] – eine objektive Gefährdungslage begründen und diese ihrerseits die Zulässigkeit einer präventiven Überwachung nach § 32 Abs. 1 S. 1 BDSG.

Der Betroffene, mit dessen Daten umgegangen wird, muss nicht zwangsweise der Täter sein.[290] Es kann sich auch um eine unschuldig überwachte Person handeln. In bisheriger Rechtsprechung[291] erkennt das BAG dazu an, dass sich der Verdacht nicht explizit schon gegen den zu entlarvenden Täter richten muss, sondern dass ein räumlich und funktional konkretisierter Verdacht ausreicht. Auch der Gesetzgeber bezieht sich in seiner Begründung zu § 32 Abs. 1 S. 2 BDSG auf diese Rechtsprechung.[292]

c) Zu dokumentierende tatsächliche Anhaltspunkte

Die Anhaltspunkte, die den Verdacht begründen, sind zu dokumentieren. Tatsachen, die dokumentiert werden sollten sind: Schaden, Verdächtigenkreis und die Indizien, die für einen Verdacht sprechen.[293] Aus Gründen der Nachweisbarkeit sollte die Dokumentation schriftlich oder elektronisch festgehalten werden.[294]

d) Erforderlichkeit, Interessenabwägung und Verhältnismäßigkeit

Der Gesetzgeber will mit der Abwägungsklausel der Tatsache Rechnung tragen, dass Maßnahmen zur Aufdeckung von Straftaten in der Regel besonders intensiv in das allgemeine Persönlichkeitsrecht eingreifen.[295] So muss die Art und Schwere der Tat zum einen und zum anderen die Intensität des Verdachts berücksichtigt werden.[296]

---

[289] Vgl. E.I.1.c)bb).
[290] Vgl. *Thüsing*, in: Thüsing, Arbeitnehmerdatenschutz und Compliance, Rn. 362; vgl. *Franzen*, in: ErfK ArbR, BDSG, § 32, Rn. 32.
[291] Vgl. BAG, Urt. v. 27.3.2003, 2 AZR 51/02, NZA 2003, 1193, 1195; vgl. BAG, Urt. v. 21.6.2012, 2 AZR 153/11, Rn. 30, NZA 2012, 1025, 1028.
[292] Innenausschuss, Änderung des BDSG, 1.7.2009, BT-Drs. 16/13657, 21.
[293] *Franzen*, in: ErfK ArbR, BDSG, § 32, Rn. 32.
[294] *Byers/Pracka*, BB 2013, 760, 764.
[295] Innenausschuss, Änderung des BDSG, 1.7.2009, BT-Drs. 16/13657, 21.
[296] Innenausschuss, Änderung des BDSG, 1.7.2009, BT-Drs. 16/13657, 21.

Bei einem Diebstahl von Kundendaten – wie bei Vodafone – kommt als Schadenkomponente noch die Medienwirksamkeit und der damit einhergehende Imageschaden zum Tragen. Die finanziellen Folgen sind vorhanden, aber schwer bezifferbar. Beim Diebstahl von Betriebsmitteln wird ein solcher Imageschaden eher nicht eintreten, da der Fall vermutlich nur intern bekannt sein wird.

Auch die Zahl der unschuldig Überwachten ist zu berücksichtigen.[297]

5. Ergebnisse

§ 32 Abs. 1 BDSG eröffnet den richtigen Rahmen für die Prüfung der offenen Videoüberwachung im nicht öffentlichen Bereich. Leistungs- und Verhaltensüberwachungen mittels Videoüberwachung sind nicht zulässig – wie auch bei § 6b BDSG. Die Prävention von Straftaten bestimmt sich nach § 32 Abs. 1 S. 1 BDSG, die Aufklärung von Straftaten nach § 32 Abs. 1 S. 2 BDSG. Für eine vorhergehende Konkretisierung von Verdachtsmomenten muss auf Satz 1 und ggf. auf andere (mildere oder effektivere) Mittel zurückgegriffen werden. Bei der Aufdeckung von Straftaten ist es nicht notwendig einen konkreten Täter identifiziert zu haben, ein abgegrenzter Verdächtigenkreis ist ausreichend.

Insgesamt kann festgehalten werden, dass der Verhältnismäßigkeitsgrundsatz dem Paragrafen eine Kontur gibt. Er berücksichtigt grundlegende Gedanken des Schutzes des informationellen Selbstbestimmungsrechts der Beschäftigten. Dies geschieht z. B. dadurch, dass er einen begründeten Verdacht verlangt und so eine verdachtsunabhängige Überwachung zur Aufklärung von Straftaten ausschließt.

Der Paragraf ist trotz allem inhaltlich unscharf formuliert. Beispiele dafür sind die fehlende Festsetzung der notwendigen Verhältnismäßigkeitsprüfung in Satz 1 oder in Satz 2 der unklare Wortlaut in Bezug auf die Konkretheit des Verdachts gegen den Betroffenen oder die Formulierung im Beschäftigungsverhältnis, obwohl die Norm

---
[297] *Franzen*, in: ErfK ArbR, BDSG, § 32, Rn. 32.

doch im Zusammenhang mit dem Beschäftigungsverhältnis zu verstehen ist. Ein weiterer Kritikpunkt ist, dass schwerwiegende Pflichtverletzungen nicht explizit erfasst werden. Durch die unklaren oder schwammigen Formulierungen besteht die Gefahr der „Verwässerung" des Schutzniveaus und der Umgehung des eigentlichen Inhalts der Vorschrift, da es den Beteiligten schwer fallen könnte, eine klare Beurteilung vorzunehmen. Für eine Übergangsregelung mag dies vielleicht noch akzeptabel sein, aber fünf Jahre nach der Einführung besteht dringend Reformbedarf.

II. Die heimliche Videoüberwachung

Auch bei heimlichen Videoüberwachung in nicht öffentlich zugänglichen Räumen nur das Motiv der Aufdeckung von Straftaten und anderen schweren Verfehlungen als Zweck in Betracht. Das stellt eine Parallele zur heimlichen Videoüberwachung in öffentlich zugänglichen Räumen dar.

1. § 32 BDSG als Rechtsgrundlage

Für diese Konstellation gibt es im Bundesdatenschutzgesetz ebenfalls keine eigene Rechtsgrundlage. § 6b BDSG kommt schon wie bei der offenen Videoüberwachung in nicht öffentlich zugänglichen Räumen mangels planwidriger Regelungslücke nicht in Betracht. Vielmehr ist daher auch hier der § 32 BDSG der richtige Prüfungsrahmen. Genauer § 32 Abs. 1 S. 2 BDSG,[298] da von ihm – wie unter F.I.4.a) beschrieben – die Aufdeckung von Straftaten und anderen schweren Verfehlungen umfasst ist. Auch der Gesetzgeber normiert ausdrücklich die verdeckte Videoüberwachung als zulässig, indem er sich an der Rechtsprechung dazu im Gesetzgebungsprozess orientiert.[299] Das heißt, dass er davon ausgeht, dass manche Taten nur durch eine heimliche Überwachung aufgedeckt werden können. So argumentierte schon das Bundesarbeitsgericht bei auf Heimlichkeit ausgelegtem Verhalten.[300]

---

[298] *Bauer/Schansker*, NJW 2012, 3537, 3539.
[299] Innenausschuss, Änderung des BDSG, 1.7.2009, BT-Drs. 16/13657, 21.
[300] BAG, Urt. v. 27.3.2003, 2 AZR 51/02, NZA 2003, 1193, 1195.

2. Zusätzliche Zulässigkeitsvoraussetzungen

Ebenso wie bei der heimlichen Videoüberwachung nach § 6b Abs. 1 Nr. 3 BDSG sollten auch bei der heimlichen Videoüberwachung nach § 32 Abs. 1 S. 2 BDSG zusätzliche Voraussetzungen entsprechend der BAG-Rechtsprechung[301] hinzutreten. Die verdeckte Überwachung nach § 6b Abs. 1 Nr. 3 BDSG ist unter engen, zusätzlichen Voraussetzungen zulässig. Diese dürften auch auf die verdeckte Überwachung in nicht öffentlich zugänglichen Räumen Anwendung finden.[302]

Das angesprochene Urteil betrifft zwar die Rechtslage vor In-Kraft-Treten des § 32 BDSG und die Klarstellung erfolgt zu § 6b BDSG, allerdings wurde offen gelassen, um welche Art von Räumen es sich handelt – auszugehen ist wohl von einem nicht öffentlich zugänglichen Raum, da der Publikumsverkehr nach Schließzeit eingeschränkt ist – so dass die Entscheidung dahingehend ausgelegt werden kann, dass die Voraussetzungen unabhängig von den Räumlichkeiten gelten sollen.[303] Eine ausdrückliche Einschränkung nur auf öffentlich zugängliche Räume ist dem Urteil jedenfalls nicht zu entnehmen.[304] Es wäre auch nicht verständlich, warum andernfalls an die Überwachung in öffentlich zugänglichen Räumen höhere Anforderungen gestellt würden.

Bei den beiden zusätzlichen Voraussetzungen für § 6b BDSG handelt es sich zum einen um den Verdacht gegen einen abgrenzbaren Kreis von Mitarbeitern und zum anderen um die heimliche Videoüberwachung als einzig verbleibendem Mittel.[305] Ersteres ist im Wortlaut § 32 Abs. 1 S. 2 BDSG bereits enthalten. Das einzig verbleibende Mittel könnte zwar im Rahmen der Verhältnismäßigkeit mitgeprüft werden. Da es aber leicht übersehen werden kann, ist es eher als eine eigenständige Voraussetzung anzusehen.

---

[301] BAG, Urt. v. 21.6.2012, 2 AZR 153/11, Rn. 30, NZA 2012, 1025, 1028.
[302] *Bergwitz*, NZA 2012, 1205, 1208.
[303] *Bergwitz*, NZA 2012, 1205, 1208.
[304] *Bergwitz*, NZA 2012, 1205, 1208.
[305] BAG, Urt. v. 21.6.2012, 2 AZR 153/11, Rn. 30, NZA 2012, 1025, 1028.

3. Ergebnisse

Auch eine heimliche Videoüberwachung in nicht öffentlichen Räumen kann gem. § 4 Abs. 2 S. 2 Nr. 1 i. V. m. § 32 Abs. 1 S. 2 BDSG zulässig sein. Zweck kann auch hier nur die Aufklärung von Straftaten oder anderer schwerer Verfehlungen sein. Zusätzlich zu den Voraussetzungen des § 32 BDSG muss die heimliche Videoüberwachung – wie auch in öffentlich zugänglichen Räumen – das einzig verbleibende Mittel sein und der Verdacht muss sich gegen einen abgrenzbaren Kreis von Mitarbeitern richten.

Diese zusätzlichen Voraussetzungen für die heimliche Videoüberwachung erfordern dringend eine gesetzliche Verankerung. Darüber hinaus gilt die schon bei der offenen Videoüberwachung in nicht öffentlich zugänglichen Räumen geäußerte Kritik[306].

G. Die prozessuale Verwertbarkeit von Videoaufnahmen

Sollten Videoaufnahmen tatsächlich ergeben, dass ein oder mehrere Mitarbeiter sich gegenüber dem Arbeitgeber in einer Weise fehl verhalten haben, die eine Kündigung nach sich zieht, so kann sich daran u. U. ein Kündigungsschutzprozess anschließen.

I. Beweisverwertung im Prozess nach dem Bundesdatenschutzgesetz

Für die Beweisverwertung im Prozess ist aus datenschutzrechtlicher Sicht zunächst zu beachten, vor welcher Instanz verhandelt wird. Denn danach bestimmt sich, ob das Bundesdatenschutzgesetz oder die Landesgesetzes Anwendung finden. Für Landgerichte wird i. d. R. gem. § 1 Abs. 2 Nr. 2 b) i. V. m. § 2 Abs. 2 BDSG das jeweilige Landesgesetz gelten. Dies wird jedoch in Bezug auf den weiteren Umgang mit dem Beweismittel z. B. die Aufbewahrung in Akten und nicht in Bezug auf die Einbringung in den Prozess gelten.

---

[306] Vgl. F.I.5.

Letztere stellt nämlich eine Nutzung des Arbeitgebers als verantwortlicher Stelle für sich selbst dar und ist mangels zielgerichteter Beschaffung keine Datenerhebung[307] des Gerichtes, so dass die Einbringung in den Prozess nach dem BDSG beurteilt werden muss. Damit sind für die Beurteilung der Verwertung im Prozess § 4 Abs. 1 BDSG und je nach Konstellation, aus der die Aufnahmen gewonnen wurden, die §§ 6b, 32 BDSG als Maßstab heranzuziehen.

Von der Rechtmäßigkeit der Erhebung muss dabei die Verwertbarkeit der Videoaufnahmen im Prozess unterschieden werden.[308] Die Verwertung im Gerichtssaal setzt zunächst die Übermittlung gem. § 3 Abs. 4 S. 2 Nr. 3 a) BDSG an den eigenen Prozessbevollmächtigten und die Richter voraus.[309] Videoaufzeichnungen können dann als Augenscheinbeweis gem. § 371 ZPO in einen Prozess eingeführt werden.[310] Die Inaugenscheinnahme im Prozess ist unter den Auffangtatbestand des Nutzens gem. § 3 Abs. 5 BDSG zu subsumieren.[311] Die Übermittlung und die Nutzung durch Inaugenscheinnahme sind als eigenständige Schritte des Datenumgangs jeweils separat zu beurteilen.[312]

II. Die Interessenabwägung als Maßstab für die prozessuale Verwertbarkeit

Den §§ 6b, 32 BDSG ist zu entnehmen, dass eine Interessenabwägung vorzunehmen ist. Schließlich kann durch eine Verwertung vor Gericht das informationelle Selbstbestimmungsrecht des Beschäftigten ebenso beeinträchtigt werden wie bei der Datenerhebung oder anderen Verarbeitungsformen. Dabei spielen neben den schon erläuterten Parteiinteressen u. a. auch die Verpflichtungen des Gerichts eine Rolle.

---

[307] Vgl. z. B. § 4 Abs. 2 S. 2 Nr. 1 BlnDSG, der inhaltsgleich mit § 3 Abs. 3 BDSG ist.
[308] *Grimm/Schiefer*, RdA 2009, 329, 339; *Bergwitz*, NZA 2012, 353, 353.
[309] So auch: *Grimm/Schiefer*, RdA 2009, 329, 340; *Bergwitz*, NZA 2012, 353, 355.
[310] *Zimmermann*, in: MüKo ZPO, § 371, Rn. 4; *Grimm/Schiefer*, RdA 2009, 329, 339.
[311] So auch: *Grimm/Schiefer*, RdA 2009, 329, 340; *Bergwitz*, NZA 2012, 353, 355.
[312] *Grimm/Schiefer*, RdA 2009, 329, 340; vgl. BAG, Urt. v. 16.12.2010, 2 AZR 485/08, Rn. 31, NZA 2011, 571, 573.

Der Richter ist als unmittelbarer Grundrechtsadressat[313] über Art. 1 Abs. 3 GG an die Grundrechte und eine rechtsstaatliche Verfahrensgestaltung gebunden[314]. Aus dem in Art. 20 Abs. 3 GG verankerten Rechtsstaatsprinzip ergibt sich, dass einer wirksamen Rechtspflege besondere Bedeutung beigemessen wird.[315] Folglich sind auch im Zivilprozess die Aufrechterhaltung einer funktionstüchtigen Rechtspflege und das Streben nach einer materiell richtigen Entscheidung als wichtige Belange des Gemeinwohls zu würdigen.[316]

Die Gerichte sind bei der Wahrheitsermittlung grundsätzlich gehalten, die von den Parteien beigebrachten Beweismittel zu berücksichtigen, wenn und soweit eine Tatsachenbehauptung erheblich und beweisbedürftig ist.[317] Dies folgt auch aus Art. 103 Abs. 1 GG und § 286 ZPO.[318] Danach hat jedermann Anspruch auf rechtliches Gehör vor Gericht und das Gericht hat unter Berücksichtigung des gesamten Inhalts der Verhandlungen und des Ergebnisses einer etwaigen Beweisaufnahme nach freier Überzeugung zu entscheiden, ob eine tatsächliche Behauptung für wahr oder für nicht wahr zu erachten ist.

In Hinblick auf diese Aspekte ist die Interessenabwägung vorzunehmen. Denn auch bei der Verwertung gilt, dass keine Position der anderen automatisch und generell vorgeht.[319] Bei der Abwägung kommt dem Interesse an der Verwertung der vorgetragenen Daten und Erkenntnisse nur dann ein höheres Gewicht zu, wenn über das schlichte Beweisinteresse hinausgehende Aspekte hinzukommen, die ergeben, dass es trotz der Persönlichkeitsbeeinträchtigung schutzbedürftig ist.[320] Diese weiteren Aspekte, wie auch die anderen grundrechtlich geschützten Positionen des Arbeitgebers, müssen die jeweilige Informationsbeschaffung und Beweiserhebung als

---

[313] *Bayreuther*, NZA 2005, 1038, 1041.
[314] BVerfG, Urt. v. 13. 2. 2007, 1 BvR 421/05, Rn. 93, NJW 2007, 753, 758.
[315] BAG, Urt. v. 27.3.2003, 2 AZR 51/02, NZA 2003, 1193, 1194.
[316] BAG, Urt. v. 27.3.2003, 2 AZR 51/02, NZA 2003, 1193, 1194.
[317] BAG, Urt. v. 27.3.2003, 2 AZR 51/02, NZA 2003, 1193, 1194f.
[318] BAG, Urt. v. 27.3.2003, 2 AZR 51/02, NZA 2003, 1193, 1195.
[319] BAG, Urt. v. 27.3.2003, 2 AZR 51/02, NZA 2003, 1193, 1195.
[320] BVerfG, Urt. v. 13. 2. 2007, 1 BvR 421/05, Rn. 94, NJW 2007, 753, 758.

schutzbedürftig qualifizieren.[321] Ein für die Beweisverwertung sprechendes besonderes Interesse kann in einer Notwehrsituation oder notwehrähnlichen Lage des Arbeitgebers liegen.[322]

Insbesondere ist zu beachten, ob es mildere, gleich geeignete Beweismittel gibt, denn fehlt es an der Erforderlichkeit der Verwertung, so ist diese selbst für ein rechtmäßig erlangtes Beweismittel ausgeschlossen.[323] Wenn die Videoaufnahme erforderlich und verhältnismäßig ist, so dürfte es schwer sein, ein Verwertungsverbot durchzusetzen.[324] Anders lassen sich die bisherigen Argumentationen des Bundesarbeitsgerichtes[325] nicht interpretieren. In diesen wird die Zulässigkeit als Beweismittel mit der Erforderlichkeit der Erhebung bejaht.

Folglich kann ein rechtmäßig erlangtes Beweismittel, dessen Verwertung im Prozess auch erforderlich ist, in der Regel auch verwertet werden. Durch die von den §§ 6b, 32 BDSG verlangte Interessenabwägung werden beide Parteiinteressen angemessen berücksichtigt. Eine Lückenhaftigkeit des BDSG ist hier nicht erkennbar.

III. Beweisverwertungsverbote

Wurden die Beweismittel jedoch nicht rechtmäßig erlangt, so stellt sich die Frage nach Verwertungsverboten. Diese könnten sich aus der unzulässigen Erhebung von Aufnahmen oder aus der Verletzung von Mitbestimmungsrechten bei Installation der Überwachungseinrichtung ergeben.

1. Verwertungsverbot unzulässig erhobener Aufnahmen

Da wie erläutert zwischen der Zulässigkeit der Beweis*erhebung* und der Beweis*verwertung* unterschieden wird, folgt aus der rechtswidrigen Erhebung nicht

---

[321] BAG, Urt. v. 21.6.2012, 2 AZR 153/11, Rn. 29, NZA 2012, 1025, 1028.
[322] BAG, Urt. v. 27.3.2003, 2 AZR 51/02, NZA 2003, 1193, 1195; *Bergwitz*, NZA 2012, 353, 354.
Rolf/Stöhr, RDV 2012, 119, 120 plädieren dagegen für eine Herleitung über Notstand gem. § 34 StGB.
[323] Vgl. *Grimm/Schiefer*, RdA 2009, 329, 340.
[324] So auch: *Grimm/Schiefer*, RdA 2009, 329, 340.
[325] Z. B. BAG, Urt. v. 21.6.2012, 2 AZR 153/11, Rn. 30, NZA 2012, 1025, 1028; BAG, Urt. v. 27.3.2003, 2 AZR 51/02, NZA 2003, 1193, 1195.

automatisch ein Verwertungsverbot.[326] Es würde aber die Wirkung der Norm aushöhlen, nach der die Beweiserhebung unzulässig war, wenn generell auch rechtswidrig erlangte Beweismittel Beachtung fänden.[327] Daher ist ein Beweisverwertungsverbot dann anzunehmen, wenn der Schutzzweck der verletzten Norm einer gerichtlichen Verwertung zur Vermeidung eines Eingriffs in höherrangige Rechtspositionen der zu schützenden Partei zwingend entgegensteht.[328]

Da es sich bei § 4 Abs. 1 BDSG um ein Verbot mit Erlaubnisvorbehalt handelt, ist die prozessuale Verwertung rechtswidrig erlangter Beweismittel nicht der Regelfall.[329] Auch der Zweck des Bundesdatenschutzgesetzes gem. § 1 Abs. 1 BDSG, den Einzelnen vor Beeinträchtigungen seines Persönlichkeitsrechts durch den Umgang mit seinen personenbezogenen Daten zu schützen, spricht für ein Beweisverwertungsverbot, sofern der Beweis rechtswidrig erlangt wurde.[330] Ist das erlangte Videomaterial dagegen rechtswidrig aus Gründen, die unabhängig vom Persönlichkeitsrecht des Beschäftigten sind, z. B. weil Dritte betroffen sind, wird eine Beweisverwertung wahrscheinlich möglich sein, da es wohl allein auf die Grundrechtspositionen des Prozessgegners ankommt.[331]

Es stellt sich des Weiteren die Frage nach der Fernwirkung rechtswidrig erlangter Beweismittel. Also ob ein an sich zulässiges Beweismittel verwertet werden darf, wenn der Arbeitgeber davon nur über ein rechtswidrig erlangtes Beweismittel erfahren hat, z. B. wenn eine Videoüberwachung einen Zeugen zeigt, der den Vorfall beobachtet hat.[332] Höchstrichterlich gibt es im Arbeitsrecht dazu bisher keine umfassende Entscheidung. In einem bisher entschiedenen Fall waren die aus der Videoüberwachung gewonnenen Erkenntnisse auch auf andere Weise zugänglich

---

[326] *Bergwitz*, NZA 2012, 353, 353; BAG, Urt. v. 16.12.2010, 2 AZR 485/08, Rn. 29, NZA 2011, 571, 573.
[327] *Bergwitz*, NZA 2012, 353, 354; BAG, Urt. v. 29.10.1997, 5 AZR 508/96, NZA 1998, 307, 309.
[328] BAG, Urt. v. 16.12.2010, 2 AZR 485/08, Rn. 29, NZA 2011, 571, 573.
[329] *Bergwitz*, NZA 2012, 353, 357.
[330] *Bergwitz*, NZA 2012, 353, 357.
[331] Genauer: *Bergwitz*, NZA 2012, 353, 357; *Dzida/Grau*, NZA 2010, 1201, 1202; Bauer/Schansker, NJW 2012, 3537, 3540.
[332] *Bergwitz*, NZA 2012, 353, 358.

gewesen.³³³ Das Bundesarbeitsgericht führt in dieser Entscheidung dennoch aus, dass einer Prozesspartei nicht die Möglichkeit genommen werden kann, für sie günstige Tatsachen mit rechtlich unbedenklichen Mitteln nachzuweisen, weil sie das Wissen von der Geeignetheit eines solchen Mittels auf rechtswidrige Weise erlangt hat.³³⁴ Auch in der Literatur wird eine Fernwirkung abgelehnt, da sie dem deutschen Prozessrecht fremd ist und das rechtlich unbedenkliche Beweismittel ein eben solches ist.³³⁵ Schwierig wäre es wohl auch, die Kausalitätskette der Kenntnis zu beweisen.³³⁶

Das rechtswidrig erlangte Beweismittel i. d. R. unverwertbar sind, trägt dem Schutzbedürfnis des Betroffenen und den Grundgedanken des Bundesdatenschutzgesetzes ausreichend Rechnung. Die Ablehnung einer Fernwirkung auf rechtmäßige Beweismittel, von denen der Arbeitgeber ausschließlich aufgrund der rechtswidrigen Überwachungsmaßnahme erfahren hat, scheint fragwürdig, da sich hier Möglichkeiten zur Umgehung des hohen Schutzniveaus des BDSG eröffnen.

2. Verwertungsverbot wegen verletzter Mitbestimmungsrechte

Wie unter D.II. dargestellt, unterliegt die Einführung der Videoüberwachung gem. § 87 Abs. 1 Nr. 6 BetrVG der Mitbestimmung des Betriebsrats. Wird dieses Mitbestimmungsrecht nicht beachtet oder eine bestehende Betriebsvereinbarung nicht eingehalten, stellt sich die Frage, ob bzw. unter welchen Voraussetzungen die aus der Überwachung gewonnenen Beweise verwertet werden dürfen.³³⁷

Da im Gesetz nicht geregelt ist, ob und wie sich eine Nichtbeteiligung des Betriebsrats auf die Rechtsbeziehung des Arbeitgebers zum einzelnen Beschäftigten

---

[333] BAG, Urt. v. 16.12.2010, 2 AZR 485/08, Rn. 40, NZA 2011, 571, 574.
[334] BAG, Urt. v. 16.12.2010, 2 AZR 485/08, Rn. 40, NZA 2011, 571, 574.
[335] *Bergwitz*, NZA 2012, 353, 359; *Dzida/Grau*, NZA 2010, 1201, 1206; *Grimm/Schiefer*, RdA 2009, 329, 342.
[336] *Bergwitz*, NZA 2012, 353, 359.
[337] *Grimm/Schiefer*, RdA 2009, 329, 341.

auswirkt,[338] ist der Ausgangspunkt für solche Überlegungen die Theorie der Wirksamkeitsvoraussetzung[339]. Diese positioniert die betriebliche Mitbestimmung als Voraussetzung für die Wirksamkeit von Maßnahmen, die mitbestimmungspflichtig sind.[340] Wird das Mitbestimmungsrecht des Betriebsrats verletzt, so sanktioniert die Unwirksamkeit der Maßnahme den Arbeitgeber.[341]

Höchstrichterlich ist nicht entschieden, ob diese Grundsätze auch auf Fälle mitbestimmungswidrig erlangter Beweismittel anzuwenden sind.[342] Das BAG sieht im Schutzzweck des § 87 Abs. 1 Nr. 6 BetrVG jedenfalls dann keinen Anlass dazu, wenn die Verwertung des Beweismittels nach allgemeinen Grundsätzen z. B. § 6b Abs. 3 BDSG zulässig ist und der Betriebsrat der Kündigung in Kenntnis der mitbestimmungswidrig hergestellten Videoaufzeichnungen zustimmt.[343]

Die Argumente des Bundesarbeitsgerichtes[344] dazu lauten wie folgt: Das Gericht sieht den Schutzzweck des § 87 Abs. 1 Nr. 6 BetrVG in einem kollektivrechtlichen Schutz des Arbeitnehmers vor Eingriffen in sein Persönlichkeitsrecht durch Verwendung anonymer technischer Kontrolleinrichtungen. Dieser Schutzzweck ist insofern identisch mit den zivilprozessualen Grundsätzen über Beweisverwertungsverbote. Daher kommt es bei der Beweisverwertung durch die Gerichte nicht zu einem Verstoß gegen das allgemeine Persönlichkeitsrecht aufgrund der unterbliebenen Mitbestimmung. Ein nachträgliches Einverständnis des Betriebsrats mit der Überwachungsmaßnahme ändert nichts an der Verletzung des Mitbestimmungsrechts. Stimmt der Betriebsrat aber einer Kündigung zu, die sich auf ein daraus gewonnenes Beweismittel stützt, so gibt er zu erkennen, dass er seine

---

[338] *Richardi*, in: Richardi, BetrVG, § 87, Rn. 101.
[339] *Grimm/Schiefer*, RdA 2009, 329, 341.
[340] *Grimm/Schiefer*, RdA 2009, 329, 341; BAG, Beschl. v. 16.09.1986, GS 1/82, NZA 1987, 168, 176; BAG, Beschl. v. 3.12.1991, GS 2/90, NZA 1992, 749, 759.
[341] BAG, Beschl. v. 16.9.1986, GS 1/82, NZA 1987, 168, 176; BAG, Beschl. v. 3.12.1991, GS 2/90, NZA 1992, 749, 759.
[342] BAG, Urt. v. 27.3.2003, 2 AZR 51/02, NZA 2003, 1193, 1196.
[343] Vgl. BAG, Urt. v. 27.3.2003, 2 AZR 51/02, NZA 2003, 1193, 1196.
[344] BAG, Urt. v. 27.3.2003, 2 AZR 51/02, NZA 2003, 1193, 1196.

Rechte für nicht berührt hält und die Beweisverwertung – trotz der Kompetenzüberschreitung des Arbeitgebers – zumindest in diesem Fall billigt.

In Teilen der Literatur wird dagegen (teilweise unter bestimmten Voraussetzungen) ein Beweisverwertungsverbot angenommen, welches aus der Theorie der Wirksamkeitsvoraussetzungen folgen soll.[345] Fraglich ist allerdings, warum das Persönlichkeitsrecht mitbestimmungsrechtlich gesondert geschützt werden muss, obwohl § 6b oder § 32 BDSG den Schutz bereits im Rahmen einer Abwägung gewähren.[346] Aufgrund der Rechtfertigung wird eben nicht der individuelle Schutzzweck des § 87 Abs. 1 Nr. 6 BetrVG umgangen.[347] Die Rechte des Betriebsrats dagegen sind ausreichend durch § 23 Abs. 3 BetrVG geschützt, so dass es keiner weiteren Sanktion bedarf.[348]

Daher kommt es allein auf die Vorschriften zur Verwertung im Bundesdatenschutzgesetz an. Ist die Verwertung danach rechtmäßig, so kann aus der Missachtung der Mitbestimmungsrechte nichts anderes folgen. Diese wird an anderer Stelle sanktioniert. Ist das Beweismittel dagegen nicht nur mitbestimmungswidrig, sondern auch unrechtmäßig erlangt worden, so folgt ein eventuelles Verbot aus den dort erläuterten Grundsätzen,[349] besonders aus der Bindung an den originären Zweck. Ein ausreichender Schutz von Betroffenem und Betriebsrat ist also gewährleistet.

IV. Verwertungsverbot des Sachvortrags

Ein unstreitiger Sachverhalt erfordert keine Beweiserhebung, so dass ein Beweisverwertungsverbot auch nicht in Betracht kommt.[350] Daher stellt sich immer dann die Frage nach einem Verwertungsverbot des Sachvortrags, wenn der

---

[345] Ausführlich: *Bayreuther*, NZA 2005, 1038, 1043; *Maschmann*, NZA 2002, 13, 21; *Fischer*, BB 1999, 154, 156f.
[346] Vgl. *Grosjean*, DB 2003, 2650, 2653.
[347] *Grosjean*, DB 2003, 2650, 2653.
[348] *Grosjean*, DB 2003, 2650, 2654; BAG, Urt. v. 13.12.2007, 2 AZR 537/06, Rn. 31 , NZA 2008, 1008, 1011.
[349] Vgl. BAG, Urt. v. 27.3.2003, 2 AZR 51/02, NZA 2003, 1193, 1196; BAG, Urt. v. 13.12.2007, 2 AZR 537/06, Rn. 31f., NZA 2008, 1008, 1011.
[350] *Bergwitz*, NZA 2012, 353, 359.

Prozessgegner die Information, die in rechtswidriger Weise erlangt und im Prozess vorgetragen wurde, nicht bestreitet oder ausdrücklich zugesteht.[351]

Gem. § 138 ZPO unterliegen Arbeitnehmer und Arbeitgeber im Rechtsstreit der prozessualen Wahrheitspflicht.[352] Danach haben die Parteien ihre Erklärungen über tatsächliche Umstände vollständig und der Wahrheit gemäß abzugeben. Tatsachen, die nicht ausdrücklich bestritten werden, gelten als zugestanden, es sei denn die Absicht, sie bestreiten zu wollen, geht aus den übrigen Erklärungen der Partei hervor. Wenn der Arbeitgeber aufgrund von Tatsachen kündigt, die er mittels einer Videoaufzeichnung erfahren hat, so könnte er diese – im Falle des Bestreitens durch den Beschäftigten – auch durch eben diese Aufzeichnung beweisen. An dieser Stelle könnte dann ein Beweisverwertungsverbot greifen. Um aber zu bestreiten, müsste der Beschäftigte lügen und so seine Wahrheitspflicht gem. § 138 Abs. 1 ZPO verletzen.[353] Missachtet er diese, läuft er Gefahr, sich eines versuchten Prozessbetrugs strafbar zu machen.[354] Er hat also weder durch Bestreiten noch durch Nichtbestreiten Möglichkeiten einem erneuten, durch die Verwertung entstehenden Eingriff in sein Persönlichkeitsrecht entgegen zu treten. Hier setzt die Überlegung an, die Verwertung des Sachvortrags zu verbieten.

Ein solches Verwertungsverbot ist allerdings Bedenken ausgesetzt. Das Bundesarbeitsgericht[355] führt dazu Folgendes aus: Da im arbeitsgerichtlichen Prozess die Dispositionsmaxime und der Beibringungsgrundsatz der Parteien gelten, darf das Gericht nur die von den Parteien vorgebrachten Tatsachen verwerten. Es ist an den unterbreiteten und entscheidungserheblichen Sachverhalt gebunden und darf diesen nicht ohne gesetzliche Grundlage außer Acht lassen. Das Zivilprozessrecht kennt ein Verwertungsverbot für den Sachvortrag nicht, dieser ist entweder unschlüssig oder unbewiesen, aber nicht unverwertbar. Auch an ein Nichtbestreiten ist das Gericht

---

[351] *Dzida/Grau*, NZA 2010, 1201, 1205.
[352] *Rolf/Stöhr*, RDV 2012, 119, 124.
[353] *Rolf/Stöhr*, RDV 2012, 119, 124.
[354] *Maschmann*, NZA-Beil. 2012, 50, 57.
[355] BAG, Urt. v. 16.12.2010, 2 AZR 485/08, ab Rn. 30f., NZA 2011, 571, 573.

gebunden und darf – trotz eventueller Zweifel – keine Beweise verlangen. Ein Verwertungsverbot würde gegen den Anspruch der Parteien auf rechtliches Gehör nach Art. 103 Abs. 1 GG verstoßen. Danach ist das Gericht verpflichtet, den erheblichen Parteivortrag zur Kenntnis zu nehmen und bei der Entscheidung zu berücksichtigen. Das Gericht ist bei der Urteilsfindung, da es staatliche Hoheitsgewalt ausübt, aber auch an die Grundrechte und so auch an Art. 1 Abs. 3 GG gebunden. Daraus folgt zwar nicht, dass jede unzulässig erlangte Information prozessual unverwertbar wäre. Sie ist es im Einzelfall aber dann, wenn mit ihrer gerichtlichen Verwertung ein erneuter Eingriff in hochrangige rechtlich geschützte Positionen der anderen Prozesspartei oder die Perpetuierung eines solchen Eingriffs verbunden wäre und auch schutzwürdige Interessen der Gegenpartei dies nicht rechtfertigen könnten.

Grundsätzlich ist ein Sachverwertungsverbot also nicht anzunehmen. Sollte die Interessenabwägung zugunsten der betroffenen Partei ausfallen, kann es im Einzelfall dennoch zu einem solchen kommen. Schließlich kann diese Partei nicht zu einem Bestreiten des Vortrags wider besseren Wissens verpflichtet sein und sich so ggf. bewusst mit einem falschen Gegenvorbringen zu belasten.[356] Trotz des Nichtbestreitens muss erkennbar sein, dass die betroffene Partei in eine prozessuale Verwertung der rechtswidrig beschafften Information nicht eingewilligt hat.[357] Diese Nicht-Einwilligung bringt die Interessenabwägung in Gang. Sie kann z. B. in einem Widerspruch des Betroffenen gegen die Verarbeitung seiner personenbezogenen Daten gem. § 35 Abs. 5 BDSG bestehen. Ist im Nichtbestreiten aber eine Einwilligung in die Verwertung zu sehen, so stellt sich die Frage nach einem Verwertungsverbot des Sachvortrags nicht.[358]

---

[356] BAG, Urt. v. 16.12.2010, 2 AZR 485/08, ab Rn. 32, NZA 2011, 571, 574.
[357] BAG, Urt. v. 16.12.2010, 2 AZR 485/08, ab Rn. 32, NZA 2011, 571, 574.
[358] BAG, Urt. v. 16.12.2010, 2 AZR 485/08, ab Rn. 32, NZA 2011, 571, 574.

Die Entscheidung wird sowohl positiv[359] als auch kritisch[360] bewertet. Letzteres, weil sich das BAG über die Dispositionsmaxime und den Beibringungsgrundsatz hinwegsetzt und die Argumente des BAG nicht deren Vereinbarkeit mit der Aussage, dass das deutsche Zivilrecht ein Sachvortragverwertungsverbot nicht kennt, erklären.[361] Ein Ansatz aus der Literatur löst diesen Konflikt, in dem er annimmt, dass es durch die mangelnde Einwilligung in die prozessuale Verwertung nicht zur Geständnisfiktion gem. § 138 Abs. 3 ZPO kommt und der Sachverhalt so streitig gestellt wird, dass nun die Beweisverwertungsverbote greifen können.[362] Wird diesem Ansatz gefolgt, so sind Angaben über die Umstände der Datenerhebung vom Arbeitgeber auch erst an dieser Stelle und nicht schon beim Sachvortrag zu erbringen.[363]

Die Lösung des Bundesarbeitsgerichts hat zwar in ihrer Begründung „Ecken und Kanten", im Ergebnis ist ihr jedoch zuzustimmen. Selbst wenn der Beschäftigte seinerseits seine Pflichten verletzt und ggf. Straftaten begangen hat, so kann der Verwertung des durch rechtswidrige Videoüberwachung erlangten Wissens durch den Arbeitgeber nicht „Tür und Tor" geöffnet werden, da andernfalls die rechtlichen Regelungen grundsätzlich leerliefen. Kein Arbeitgeber würde – könnte er sich auf die prozessuale Verwertbarkeit verlassen – mehr auf die Einhaltung der Bestimmung zur zulässigen Erhebung achten müssen. Insofern werden die Bedürfnisse und der Schutz des Beschäftigten angemessen berücksichtigt. Doch es fehlt eine klare gesetzliche Regelung. Eine solche Lücke kann nicht auf Dauer der Rechtsprechung überlassen werden.

---

[359] Z. B. *Maschmann*, NZA-Beil. 2012, 50, 57f.; *Bergwitz*, NZA 2012, 353, 359.
[360] Z. B. *Dzida/Grau*, NZA 2010, 1201, 1205; *Lunk*, NZA 2009, 457, 458.
[361] So auch: *Dzida/Grau*, NZA 2010, 1201, 1205.
[362] *Maschmann*, NZA-Beil. 2012, 50, 58.
[363] Vgl. dazu *Dzida/Grau*, NZA 2010, 1201, 1205; *Lunk*, NZA 2009, 457, 458, die die Möglichkeit des Arbeitgebers fordern, dass das eine Kündigung untermauernde Tatsachenmaterial zunächst ohne Bezug auf die Art der Informationsbeschaffung vorgetragen werden kann, um eine Einlassung des belasteten Arbeitnehmers abwarten zu können.

V. Ergebnisse

Die Verwertbarkeit der Videoaufnahmen bestimmt sich nach §§ 4 Abs. 1 BDSG i. V. m. § 6b Abs. 3 BDSG oder § 32 Abs. 1 BDSG. Bei der hier vorzunehmenden Interessenabwägung sind nicht nur die Positionen der Prozessparteien, sondern auch das Interesse der Öffentlichkeit an einer funktionierenden Rechtspflege zu beachten. Die Verwertung eines *rechtmäßig* erhobenen Beweismittels kann demnach unzulässig sein, wenn es bei der Abwägung z. B. mangels Erforderlichkeit unterliegt. Die Verwertung eines *rechtswidrig* erlangten Beweismittels wird dagegen fast immer unzulässig sein. Wird der Arbeitgeber durch ein solches aber auf weitere, rechtlich unbedenklich Beweismittel aufmerksam, so wird er diese wohl im Prozess verwenden können. Eine *Fernwirkung* ist insofern nicht anzunehmen; ebenso so wenig ein Verwertungsverbot von *mitbestimmungswidrig* erlangten Beweismitteln, deren Verwertung ansonsten zulässig wäre. Höchstrichterlich wird dagegen ein *Verwertungsverbot des Sachvortrags*, der sich auf ein rechtswidrig erlangtes Beweismittel stützt, angenommen, wenn die Interessenabwägung entsprechend für den Betroffenen ausfällt. Dieses wird zwar kritisch gesehen, aber zu empfehlen ist, auf die rechtmäßige Beweiserhebung zu achten, damit eine Verwendung dieser im Prozess und als Teil des Sachvortrags unproblematisch ist.

Grundsätzlich sind durch die vorzunehmenden Interessenabwägungen auch hier die Interessen der Parteien ausreichend berücksichtigt. In Bezug auf die Fernwirkung rechtswidrig erlangter Beweismittel, durch die einzig und allein auf die Existenz rechtmäßiger Beweismittel geschlossen werden kann und das Verwertungsverbot des Sachvortrags sind gesetzliche Regelungen zu schaffen, die sich an der bisherigen Rechtsprechung orientieren. Andernfalls tun sich Umgehungsmöglichkeiten auf.

H. Die Rechte und Ansprüche des Betroffenen – Ein Abriss

Im Zusammenhang mit der Videoüberwachung hat der Betroffene verschiedene bundesdatenschutz- und zivilrechtliche Ansprüche und Rechte, die er gegenüber der verantwortlichen Stelle geltend machen kann. Dazu zählen beispielsweise Ansprüche auf Auskunft, Berichtung und Löschung der Daten genauso wie Unterlassungs- und Schadensersatzansprüche bei rechtswidriger Überwachung.

I. Die Benachrichtigung des Betroffenen

Der Arbeitgeber als verantwortliche Stelle muss den betroffenen Beschäftigten von dem Umgang mit seinen personenbezogenen Daten informieren. Die Benachrichtigungspflicht unterscheidet sich danach, ob der Betroffene Kenntnis oder keine Kenntnis von der Videoüberwachung als Erhebung seiner persönlichen Daten hat und seine Daten erstmalig gespeichert werden.

1. Unterrichtungspflicht gem. § 4 Abs. 3 S. 1 BDSG bei Datenerhebung mit Kenntnis des Betroffenen

Grundsätzlich sind gem. § 4 Abs. 2 S. 1 BDSG personenbezogene Daten beim Betroffenen zu erheben, wodurch dieser Kenntnis von der Datenerhebung erlangt. Bei dieser Kenntnisnahme ist er gem. § 4 Abs. 3 BDSG – sofern er nicht schon auf andere Weise davon Kenntnis erlangt hat – von der verantwortlichen Stelle über deren Identität und die Zweckbestimmung der Erhebung, Verarbeitung oder Nutzung zu informieren. Über die Kategorien von Empfängern ist der Betroffene nur zu unterrichten, wenn er nach den Umständen des Einzelfalls nicht mit der Übermittlung an diese rechnen musste.

§ 4 Abs. 3 BDSG gilt ausschließlich für die Datenerhebung mit Kenntnis des Betroffenen.[364] Daraus folgt, dass die Unterrichtung rechtzeitig erfolgen muss, also bevor der Betroffene entschieden hat, ob er seine Daten preisgeben will oder nicht.[365] Die Information des Betroffenen hat in einer für ihn verständlichen Weise zu erfolgen z. B. verbal oder in Blindenschrift für einen Sehbehinderten, da er in Kenntnis aller

---

[364] *Gola/Schomerus*, in: Gola/Schomerus, BDSG, § 4, Rn. 29.
[365] *Gola/Schomerus*, in: Gola/Schomerus, BDSG, § 4, Rn. 29.

relevanten Umstände eine selbstbestimmte Entscheidung über die Preisgabe seiner Daten treffen soll.[366]

Damit der Betroffene seine Rechte ausüben kann, muss es ihm ohne viel Aufwand möglich sein, die verantwortliche Stelle zu kontaktieren.[367] Dazu müssen ihm als Identität der vollständige Name/Firmenname und die Anschrift genannt werden.[368] Auch die zusätzliche Angabe von Telefon- und Faxnummern sowie E-Mail-Adressen sollte dazu gehören.[369]

Durch die Benennung des Zwecks kann der Betroffene selbst kontrollieren, ob eine Zweckbestimmung des Datenumgangs stattgefunden hat und eingehalten wurde.[370] Werden die Daten für mehrere Zwecke benötigt, so muss der Arbeitgeber den Beschäftigten über alle Zwecke unterrichten.[371]

Von der Unterrichtung darf der Arbeitgeber nur absehen, wenn er sich sicher sein kann, dass der Beschäftige vollständige Informationen über die Videoüberwachung erlangt hat.[372] Die Information und die Datenerhebung müssen folglich in einem engen zeitlichen Zusammenhang stehen, da nur so gewährleistet ist, dass die Fakten dem Betroffenen noch bewusst sind.[373]

Der Arbeitgeber ist auf die §§ 6b, 32 BDSG zur zulässigen Datenerhebung angewiesen. Die Unterrichtung des Beschäftigten hat insofern zur Folge, dass der Beschäftigte seine Interessen für eine entsprechende Abwägung geltend machen und so auf die Einführung und Ausgestaltung der Videoüberwachung Einfluss nehmen kann. Wieviel Einfluss der Arbeitgeber den Beschäftigten in der Realität gewährt und

---

[366] *Sokol*, in: Simitis, BDSG, § 4, Rn. 39.
[367] *Sokol*, in: Simitis, BDSG, § 4, Rn. 41.
[368] *Gola/Schomerus*, in: Gola/Schomerus, BDSG, § 4, Rn. 30.
[369] *Sokol*, in: Simitis, BDSG, § 4, Rn. 41.
[370] *Sokol*, in: Simitis, BDSG, § 4, Rn. 42.
[371] *Gola/Schomerus*, in: Gola/Schomerus, BDSG, § 4, Rn. 31.
[372] *Sokol*, in: Simitis, BDSG, § 4, Rn. 40.
[373] *Sokol*, in: Simitis, BDSG, § 4, Rn. 40.

ob eine Verhinderung einer Videoüberwachung möglich ist, hängt von vielen Faktoren wie Wertschätzung, Anzahl der „unwilligen" Mitarbeiter und Notwendigkeit der Überwachung ab. Die Unterrichtungspflicht und der Grundsatz der Direkterhebung gewährleisten aber, dass der Beschäftigten über alle Informationen verfügt, die er benötigt, um selbst zu bestimmen, welche und wie viele Informationen er im Rahmen einer Videoüberwachung preisgibt und ggf. seine Interessen gerichtlich geltend zu machen. Folglich ist die Unterrichtungspflicht ein gutes Mittel, damit der Beschäftigte den Schutz seines informationellen Selbstbestimmungsrechts selbst „in die Hand nehmen" kann.

2. Benachrichtigungspflicht gem. § 33 BDSG bei Datenspeicherung ohne Kenntnis des Betroffenen

Wurden die Daten ohne Kenntnis des Betroffenen erhoben und anschließend gespeichert, so greift die Benachrichtigungspflicht gem. § 33 BDSG. Danach ist der Beschäftigte über die Speicherung, die Art der Daten und die Zweckbestimmung sowie die verantwortliche Stelle zu informieren, wenn erstmals personenbezogene Daten von ihm ohne seine Kenntnis für eigene Zwecke des Arbeitgebers gespeichert werden. Diese Pflicht soll gewährleisten, dass der Beschäftigte gezielt sein Auskunftsrecht gem. § 34 BDSG und die Berichtigungs-, Löschungs- und Sperrungsansprüche sowie den Widerspruch gem. § 35 BDSG durchsetzen und er auf diese Weise den korrekten Datenumgang des Arbeitgebers kontrollieren kann.[374] Da § 6b Abs. 4 BDSG bereits auf § 33 BDSG verweist, sollen die Ausführungen unter E.I.4.a) an dieser Stelle nicht wiederholt werden.

II. Die Auskunft an den Betroffenen gem. § 34 BDSG

Neben der Unterrichtungs- und Benachrichtigungspflicht gibt es das Auskunftsrecht des Betroffenen. Mit einem formlosen Auskunftsersuchen kann der Betroffene gezielt Informationen über die zu ihm gespeicherten Daten verlangen.[375] Die verantwortliche

---

[374] Vgl. *Franzen*, in: ErfK ArbR, BDSG, § 33, Rn. 1.
[375] *Gola/Schomerus*, in: Gola/Schomerus, BDSG, § 34, Rn. 1.

Stelle hat dem Betroffenen dann gem. § 34 Abs. 1 S. 1 BDSG über die zu seiner Person gespeicherten Daten, auch soweit sie sich auf die Herkunft dieser Daten beziehen, den Empfänger oder die Kategorien von Empfängern, an die Daten weitergegeben werden, und den Zweck der Speicherung zu informieren.

Der Betroffene soll gem. § 34 Abs. 1 S. 2 BDSG die Art der personenbezogenen Daten, über die Auskunft erteilt werden soll, näher bezeichnen. Diese Präzisierung soll vermeiden, dass der verantwortlichen Stelle unnötiger Aufwand entsteht.[376] Es handelt sich jedoch um eine Soll- und nicht um eine Mussvorschrift, da es Fälle gibt, in denen der Betroffene nicht weiß, welche Arten von Daten zu seiner Person gespeichert sind.[377]

Die Auskunft ist gem. § 34 Abs. 6 BDSG auf Verlangen in Textform zu erteilen, soweit nicht wegen besonderer Umstände eine andere Form angemessen ist. Das bedeutet gem. § 126b BGB, dass die Erklärung in einer Urkunde oder auf eine andere zur dauerhaften Wiedergabe in Schriftzeichen geeignete Weise abgegeben, die Person des Erklärenden genannt und der Abschluss der Erklärung durch Nachbildung der Namensunterschrift oder anders erkennbar gemacht werden muss. Sofern der Betroffene entsprechende Empfangsmöglichkeiten anbietet, kann die Auskunft demnach auch per E-Mail erfolgen.[378]

Die Auskunft sollte unverzüglich – also im Rahmen der im Geschäftsverkehr üblichen Fristen – geschehen.[379] Zwei Wochen sollten ein angemessener Zeitrahmen zur Beantwortung sein.[380] Die Auskunft ist gem. § 34 Abs. 8 S. 1 BDSG für Beschäftigte unentgeltlich zu erteilen. Der Arbeitgeber als verantwortliche Stelle hat die entstehenden Kosten zu tragen.[381]

---

[376] *Gola/Schomerus*, in: Gola/Schomerus, BDSG, § 34, Rn. 5.
[377] *Fischer*, RDV 2012, 230, 231.
[378] *Gola/Schomerus*, in: Gola/Schomerus, BDSG, § 34, Rn. 13.
[379] *Gola/Schomerus*, in: Gola/Schomerus, BDSG, § 34, Rn. 16.
[380] *Hoss*, RDV 2011, 6, 6; *Gola/Schomerus*, in: Gola/Schomerus, BDSG, § 34, Rn. 16.
[381] *Gola/Schomerus*, in: Gola/Schomerus, BDSG, § 34, Rn. 20.

Durch die umfassend erlangten Informationen versetzt das Auskunftsrecht den Beschäftigten erst in die Lage, weitere Rechte – vor allem bei unzulässiger Datenverarbeitung – gezielt geltend zu machen.[382] Folglich handelt es sich um ein wichtiges Instrument des Betroffenen, um sein informationelles Selbstbestimmungsrecht zu schützen und die verantwortliche Stelle zu kontrollieren.

Dennoch kann die Durchsetzung problematisch sein und ggf. anwaltliche Hilfe erfordern, da dem Betroffenen häufig Unkenntnis und Ignoranz der datenschutzrechtlichen Vorschriften von Seiten der verantwortlichen Stelle begegnen[383]. Arbeitnehmer können ihren Anspruch im Klageweg vor den Arbeitsgerichten durchsetzen.[384] Verstöße gegen das Auskunftsrecht können gem. § 43 BDSG mit einem Bußgeld bis 50.000 € sanktioniert werden. Trotz allem hat der Berliner Beauftragte für Datenschutz und Informationsfreiheit 2012 festgestellt, dass viele Unternehmen dem Auskunftsanspruch unvorbereitet gegenüber stehen, vor allem deshalb weil ihnen die Regelung nicht bekannt war.[385]

III. Die Berichtigung, Löschung und Sperrung von Daten sowie der Widerspruch des Betroffenen gem. § 35 BDSG

§ 35 BDSG regelt verschiedene Ansprüche des Betroffenen. Dazu gehören Berichtigungs-, Löschungs- und Sperrungsansprüche bzgl. seiner personenbezogenen Daten. Auch der Widerspruch gegen die automatisierte Verarbeitung oder Verarbeitung in nicht automatisierten Dateien ist geregelt.

1. Berichtigung gem. § 35 Abs. 1 BDSG

Sind die personenbezogenen Daten des Betroffenen unrichtig, so sind sie gem. § 35 Abs. 1 BDSG zu berichtigen. Der Korrekturanspruch besteht auch dann, wenn Daten nachträglich unrichtig werden oder so aus ihrem Kontext gelöst werden, dass

---

[382] *Gola/Schomerus*, in: Gola/Schomerus, BDSG, § 34, Rn. 1.
[383] *Hoss*, RDV 2011, 6, 9. *Hoss* skizziert außerdem einige Beispiele für von Unternehmen erteilte Auskünfte.
[384] Ausführlich dazu: *Fischer*, RDV 2012, 230, 231.
[385] Berliner DSB, TB 2012, 2.5, 46.

Fehlinterpretationen naheliegen.[386] Sobald der Arbeitgeber Kenntnis von einem unrichtigen Datum erhält, z. B. dass die Videoaufnahme von einem anderen Tag oder aus einem anderen Bereich stammt, ist er zur Korrektur verpflichtet[387]. Eine gesetzliche Frist ist nicht bestimmt: Eine unverzügliche Erledigung ist jedoch im Sinne des Arbeitgebers, so dass die weitere Verarbeitung oder Nutzung nicht auf falschen Daten basiert.[388]

Der Korrekturanspruch ist eine wichtige Voraussetzung dafür, dass dem Arbeitgeber der Datenumgang überhaupt gestattet werden kann. Schließlich greifen falsche oder aus dem Kontext gelöste Informationen noch stärker in das informationelle Selbstbestimmungsrecht des Betroffenen ein, da in einem solchen Fall ein unrichtiges Bild von ihm gezeichnet wird.

2. Löschung gem. § 35 Abs. 2 BDSG

Gem. § 35 Abs. 2 S. 1 BDSG können personenbezogene Daten jederzeit gelöscht werden. Es sei denn, es besteht Grund zu der Annahme, dass durch eine Löschung schutzwürdige Interessen des Betroffenen beeinträchtigt würden. Gleiches gilt, wenn bei Daten, die ursprünglich für eigene Zwecke verarbeitet wurden, die nun aber nicht mehr erforderlich sind, gesetzliche, satzungsmäßige oder vertragliche Aufbewahrungsfristen entgegenstehen.

§ 35 Abs. 2 S. 2 BDSG definiert die Löschpflichten der verantwortlichen Stelle. Personenbezogene Daten sind im hier gestellten Rahmen zu löschen, wenn ihre Speicherung unzulässig ist, es sich um Daten zu strafbaren Handlungen oder Ordnungswidrigkeiten handelt, deren Richtigkeit von der verantwortlichen Stelle aber nicht bewiesen werden kann oder wenn sie für eigene Zwecke verarbeitet werden, sobald ihre Kenntnis für die Erfüllung des Zwecks der Speicherung nicht mehr erforderlich ist. Damit ist nicht gemeint, dass der ursprüngliche Grund der

---

[386] *Gola/Schomerus*, in: Gola/Schomerus, BDSG, § 35, Rn. 3, 5.
[387] *Gola/Schomerus*, in: Gola/Schomerus, BDSG, § 35, Rn. 3.
[388] Vgl. *Gola/Schomerus*, in: Gola/Schomerus, BDSG, § 35, Rn. 6.

Speicherung weggefallen sein muss, sondern eine die weitere Speicherung legitimierende Zweckbestimmung.[389] Bei Videoaufnahmen am Arbeitsplatz wird jedoch die Bindung an den originären Zweck der Erhebung auch für die weitere Verarbeitung oder Nutzung verlangt, so dass eine die weitere Speicherung legitimierende Zweckbestimmung eine Ausnahme darstellt und der Arbeitgeber zur Löschung verpflichtet wird, sobald der ursprüngliche Zweck entfällt. Für die Videoüberwachung öffentlich zugänglicher Räume ist die Löschpflicht in § 6b Abs. 5 BDSG auch explizit geregelt. Sie geht § 35 BDSG insoweit vor.[390]

Im Allgemeinen legen Unternehmen wohl viel Wert auf ihre Datenbestände und sind zögerlich bei der irreversiblen Reduktion dieser Vermögenswerte.[391] Bei einer Videoüberwachung zur Prävention oder Verhinderung von Straftaten dürfte es jedoch nicht schwerfallen, die fehlende Erforderlichkeit zu erkennen und dementsprechend die Vernichtung der Daten zu veranlassen. Gab es keine besonderen Vorkommnisse während eines Tages, so kann das Unternehmen diese Daten ohne Bedenken, z. B. durch Überschreiben, löschen. Ein Löschkonzept, das Verantwortliche benennt, Regellöschfristen für ereignislose Überwachungen und organisatorische und technische Maßnahmen festlegt, sollte ausgearbeitet und implementiert werden.[392]

Die Löschung der Daten ist ebenso wichtig wie die Korrektur falscher Daten. Die Löschung trägt dem Prinzip der Datenvermeidung und Datensparsamkeit gem. § 3a BDSG Rechnung und schützt so das informationelle Selbstbestimmungsrecht des Beschäftigten, bietet dem Arbeitgeber aber auch die Möglichkeit, die Daten solange wie für seine berechtigten Interessen erforderlich aufzubewahren. Gleichzeitig ist die Löschungsregelung so ausgestaltet, dass keine Daten vernichtet werden können, die der Betroffene selbst noch benötigt. Sie kann daher als ausgewogene Regelung betrachtet werden.

---

[389] Vgl. *Gola/Schomerus*, in: Gola/Schomerus, BDSG, § 35, Rn. 13.
[390] *Lang*, Videoüberwachung, 340.
[391] *Fraenkel/Hammer*, DuD 2007, 899, 901 nennen Gründe.
[392] Vgl. *Fraenkel/Hammer*, DuD 2007, 899, 903.

3. Sperrung gem. § 35 Abs. 3-4a, 8 BDSG

An Stelle der Löschung der Daten kann gem. § 35 Abs. 3 BDSG auch eine Sperrung dieser treten. Sperren ist nach § 3 Abs. 4 S. 2 Nr. 4 BDSG das Kennzeichnen gespeicherter personenbezogener Daten, um ihre weitere Verarbeitung oder Nutzung einzuschränken. Für den sogenannten Sperrvermerk ist keine bestimmte Form vorgesehen, es muss jedoch klar werden, dass es sich um eine Verarbeitungs- und Nutzungssperre nach dem Bundesdatenschutzgesetz handelt.[393] Soweit die Daten des Betroffenen der Sperrung unterliegen, muss die Verarbeitung oder Nutzung dieser auch wirksam verhindert werden.[394]

Eine Sperrung wird relevant, wenn bei der Verarbeitung für eigene Zwecke gesetzliche, satzungsmäßige oder vertragliche Aufbewahrungsfristen einer Löschung entgegenstehen, Grund zur Annahme besteht, dass durch eine Löschung schutzwürdige Interessen des Betroffenen beeinträchtigt würden oder eine Löschung wegen der besonderen Art der Speicherung nicht oder nur mit unverhältnismäßig hohem Aufwand möglich ist. Die Umstände sind im Einzelfall genau zu prüfen, daher nur eine kurze Ausführung zur Beeinträchtigung der Interessen des Betroffenen: Diese könnte vorliegen, wenn er die Videoaufnahmen zum Beweis für von ihm geltend gemachte Ansprüche benötigt.[395] Aufgrund der Bindung an den Zweck der Erhebung gem. § 6b Abs. 3 BDSG dürfte es dem Arbeitgeber kaum gestattet sein, die Videoaufnahmen aus öffentlich zugänglichen Räumen an den Beschäftigten zu übermitteln. Bei Aufnahmen nach § 32 BDSG könnte eine Übermittlungsgrundlage aus § 28 Abs. 2 Nr. 2 a) BDSG folgen. Handelt es sich allerdings um Ansprüche, die mit den Aufnahmen an sich in Zusammenhang stehen, wie den Auskunftsanspruch gem. § 34 BDSG oder Schadensersatzansprüche, dürfte die Zweckbindung der Sperrung nicht entgegenstehen.[396]

---

[393] Vgl. *Ambs*, in: Erbs/Kohlhass, Strafrechtliche Nebengesetze, D25, § 3 BDSG, Rn. 26.
[394] *Dammann*, in: Simitis, BDSG, § 3, Rn. 166.
[395] Vgl. *Franzen*, in: ErfK ArbR, BDSG, § 35, Rn. 6.
[396] *Scheja/Haag*, in: MAH IT-Recht, Teil 5, Rn. 246.

Personenbezogene Daten sind gem. § 35 Abs. 4 BDSG außerdem zu sperren, soweit ihre Richtigkeit vom Betroffenen bestritten wird und sich weder die Richtigkeit noch die Unrichtigkeit feststellen lässt. Bei einer Videoaufnahme dürfte es – außer bei (sehr) geringer Aufnahmequalität und dann wäre sie dem Arbeitgeber auch nicht nützlich – keine Probleme bei der Feststellung der Richtigkeit der Daten geben. Somit scheidet § 35 Abs. 4 BDSG als Sperrungsgrundlage aus.

Aus der Sperrung folgt, dass die gesperrten Daten gem. § 35 Abs. 8 BDSG nur mit der Einwilligung des Betroffenen übermittelt oder genutzt werden dürfen. Nach § 35 Abs. 4a BDSG darf die Tatsache der Sperrung nicht übermittelt werden.

Die Sperrung ist folglich eine Alternative zur Löschung, die die Daten der weiteren Verarbeitung oder Nutzung der verantwortlichen Stelle entzieht und sie trotzdem nicht unwiderruflich vernichtet. So haben die Beteiligten die Möglichkeit, auf die Daten zuzugreifen, sofern dies aus den beschriebenen Gründen erforderlich ist, den Eingriff in das informationelle Selbstbestimmungsrecht aber so gering wie möglich zu halten.

4. Widerspruch des Betroffenen gem. § 35 Abs. 5 BDSG

Gem. § 35 Abs. 5 S. 1 BDSG dürfen personenbezogene Daten nicht für eine automatisierte Verarbeitung oder Verarbeitung in nicht automatisierten Dateien erhoben, verarbeitet oder genutzt werden, soweit der Betroffene dieser bei der verantwortlichen Stelle widerspricht und eine Prüfung ergibt, dass das schutzwürdige Interesse des Betroffenen wegen seiner besonderen persönlichen Situation das Interesse der verantwortlichen Stelle an dieser Erhebung, Verarbeitung oder Nutzung überwiegt. Bei heimlichen Videoaufnahmen kann natürlich nur der Verarbeitung oder Nutzung, mangels Kenntnis aber nicht der Erhebung widersprochen werden.

Da es sich um einen Widerspruch trotz rechtmäßigen Datenumgangs handelt, sind an die Interessenabwägung besonders strenge Maßstäbe anzulegen.[397] Die verantwortliche Stelle wird vom Betroffenen Nachweise für die Prüfung seines Begehrens verlangen können.[398] Der Unterschied der Interessenabwägung nach § 35 Abs. 5 BDSG gegenüber z. B. § 6b Abs. 1 oder Abs. 3 BDSG liegt darin, dass hier nicht nur Anhaltspunkte zu den Interessen des Betroffenen vorliegen, sondern sich dieser klar dagegen äußert und seine Interessen ggf. auch nachweist. Die Interessenabwägung ist insofern nicht nur strenger, sondern auch deutlich konkreter.

Der Widerspruch kann im Rahmen des diskutierten Verwertungsverbots des Sachvortrags ein deutliches Indiz für die Nicht-Einwilligung in die prozessuale Verwertung sein, ohne dass der Beschäftigte bestreiten muss.[399]

Der Widerspruch des Betroffenen ist eine der ersten Möglichkeiten für ihn, sich gegen den Umgang mit seinen Daten zu wehren, bevor er den Klageweg beschreitet. Er sollte dabei seine Bedenken und Interessen dokumentieren, um so die Einsicht des Arbeitgebers zu fördern. Für den Arbeitgeber fungiert der Widerspruch als eine Art „Frühwarnsystem", ob Beschäftigte dem Datenumgang nicht zustimmen und ggf. klagebereit sind. Auch diese Regelung berücksichtigt die Parteiinteressen angemessen.

IV. Die Ansprüche des Betroffenen bei rechtswidriger Überwachung

Dem betroffenen Beschäftigten stehen bei rechtswidriger Überwachung sowohl Unterlassungs- als auch Schadensersatzansprüche zu.

---

[397] *Franzen*, in: ErfK ArbR, BDSG, § 35, Rn. 10; *Ambs*, in: Erbs/Kohlhass, Strafrechtliche Nebengesetze, D25, § 35 BDSG, Rn. 27.
[398] Vgl. *Gola/Schomerus*, in: Gola/Schomerus, BDSG, § 35, Rn. 28.
[399] Siehe dazu auch G.IV.

Die Unterlassung kann er sowohl aus arbeitsvertraglichen Nebenpflichten gem. §§ 611, 241 Abs. 2 BGB als auch zivilrechtlich aus §§ 1004, 823 BGB analog i. V. m. Art. 2 Abs. 1, Art. 1 Abs. 1 GG geltend machen.[400]

Das Bundesdatenschutzgesetz wartet mit § 7 BDSG mit einer eigenen Schadensersatznorm auf. Danach ist die verantwortliche Stelle oder ihr Träger dem Betroffenen zum Schadensersatz verpflichtet, wenn sie ihm durch eine nach dem BDSG unzulässige oder unrichtige Erhebung, Verarbeitung oder Nutzung seiner personenbezogenen Daten einen Schaden zufügt hat. Die Videoüberwachung oder die anschließende Datenverarbeitung bzw. -nutzung muss also für den eingetretenen Schaden ursächlich sein.[401] Auch muss die verantwortliche Stelle schuldhaft, also fahrlässig oder vorsätzlich, gem. § 276 BGB gehandelt haben.[402] Dies ist nicht der Fall, wenn der Arbeitgeber die gebotene Sorgfalt beachtet hat. Dann entfällt gem. Satz 2 die Ersatzpflicht. In Satz 2 wird – auch wenn das nicht offensichtlich ist – die Beweislast für die Verschuldensunabhängigkeit auf den Arbeitgeber übertragen.[403] § 7 BDSG erfasst allerdings nur materielle Schäden und nicht immaterielle Schäden wie die Verletzung des Persönlichkeitsrechts oder Rufschädigungen.[404] Die Entstehung von materiellen Schäden wie beispielsweise Vermögensschäden ist bei der Videoüberwachung am Arbeitsplatz kaum denkbar, so dass diese Vorschrift in einer solchen Konstellation wenig praktische Bedeutung erlangen wird.[405]

Das allgemeine Persönlichkeitsrecht ist aber als sonstiges Recht i. S. d. § 823 Abs. 1 BGB anerkannt.[406] Folglich kann dieser (im Zusammenhang mit anderen Paragrafen) als Anspruchsgrundlage herangezogen werden. Denkbar ist unter besonderen Voraussetzungen ein Schmerzensgeldanspruch in Verbindung mit § 253 Abs. 2 BGB,

---

[400] *Maties*, NJW 2008, 2219, 2223; *Grimm/Schiefer*, RdA 2009, 329, 343.
[401] *Gola/Schomerus*, in: Gola/Schomerus, BDSG, § 7, Rn. 7.
[402] *Gola/Schomerus*, in: Gola/Schomerus, BDSG, § 7, Rn. 8.
[403] *Gola/Schomerus*, in: Gola/Schomerus, BDSG, § 7, Rn. 9.
[404] *Gola/Schomerus*, in: Gola/Schomerus, BDSG, § 7, Rn. 12; *Grimm/Schiefer*, RdA 2009, 329, 343.
[405] *Grimm/Schiefer*, RdA 2009, 329, 343.
[406] *Grimm/Schiefer*, RdA 2009, 329, 343.

Artt. 2 Abs. 1, 1 Abs. 1 GG.[407] Auch in Verbindung mit den §§ 6b, 32 BDSG können Schadensersatzansprüche sowohl aus § 823 Abs. 1 als auch Abs. 2 BGB erwachsen.[408] Ebenfalls denkbar ist ein Schadensersatzanspruch wegen Pflichtverletzung aus § 280 Abs. 1 BGB i. V. m. § 32 BDSG.[409]

Das Unterlassungs- und Schadensersatzbedürfnis des Betroffenen ist bürgerlich-rechtlich ausreichend abgedeckt. Insofern ist es nicht erforderlich, den Ersatz immaterieller Schäden auch in das Bundesdatenschutzgesetz aufzunehmen.

I. Kontrollmechanismen des Bundesdatenschutzgesetzes

Um Regeln wirksam durchsetzen zu können und so ihre Einhaltung durch die Adressaten zu fördern, braucht es wirksame Kontrollmechanismen. Der Betroffene, der seine Rechte geltend macht, kann entsprechende Korrekturen für den Einzelfall verlangen, darüber hinaus aber maximal einen Anstoß für einen korrekten Datenumgang geben. In den vorherigen Abschnitten wurden einige dieser Mechanismen schon erwähnt z. B. die Aufsichtsbehörde oder Bußgeldvorschriften. Diese sollen im Folgenden überblicksartig erläutert werden.

I. Der Datenschutzbeauftragte, §§ 4f, 4g BDSG

Nach § 4f Abs. 1 BDSG werden die meisten Unternehmen einen Beauftragten für den Datenschutz bestellen müssen. Seine Aufgabe besteht nach § 4g Abs. 1 S. 2 BDSG darin, auf die Einhaltung des Bundesdatenschutzgesetzes und anderer datenschutzrechtlicher Vorschriften hinzuwirken. Es muss sich aber nicht um einen internen Datenschutzbeauftragten handeln, er kann auch extern bestellt werden. Wichtig ist, dass die Person die erforderliche Fachkunde und Zuverlässigkeit für die Erfüllung seiner Aufgaben besitzt. Das erforderliche Maß der Fachkunde richtet sich nach dem individuellen Datenumgang der verantwortlichen Stelle und dem Schutzbedarf der personenbezogenen Daten.

---

[407] Mehr dazu: *Grimm/Schiefer*, RdA 2009, 329, 343.
[408] *Seifert*, in: Simitis, BDSG, § 32, Rn. 191; *Grimm/Schiefer*, RdA 2009, 329, 344.
[409] *Seifert*, in: Simitis, BDSG, § 32, Rn. 191.

Der Datenschutzbeauftragte handelt auf dem Gebiet des Datenschutzes weisungsfrei und darf aufgrund der Erfüllung seiner Aufgaben nicht benachteiligt werden. Dem Arbeitgeber sollen also die Möglichkeiten genommen werden, Druck – insbesondere auf einen internen Beauftragten – auszuüben, damit er diesen nicht zu seinen Gunsten beeinflusst. Daher wird dem internen Datenschutzbeauftragten auch ein besonderer Kündigungsschutz gewährt.

Er ist außerdem bei seiner Aufgabenerfüllung zu unterstützen, z. B. durch Bereitstellung von Hilfspersonal, Räumen und Einrichtungen.

Betroffene können sich jederzeit an ihn wenden und er ist zur Verschwiegenheit über ihre Identität sowie über die Umstände, die Rückschlüsse auf sie zulassen, verpflichtet, soweit er nicht von den Betroffenen davon befreit wird.

Der Datenschutzbeauftragte hat zwar dem Gesetz nach eine recht starke Stellung, ist er doch von Weisungen unabhängig und gilt für ihn ein besonderer Kündigungsschutz etc., allerdings fehlen ihm wirksame Einflussnahmemöglichkeiten, um die Vorschriften des BDSG durchzusetzen.[410] Vielmehr ist er darauf angewiesen, dass ihm die angesprochenen Mitarbeiter, Arbeitgeber, Mitarbeitervertretung und Aufsichtsbehörden in seiner Auffassung folgen, denn ein eigenes Klagerecht, um sich bei abweichenden Auffassungen durchzusetzen, hat er beispielsweise nicht.[411] Der interne Datenschutzbeauftragte könnte darüber hinaus in einen Interessenkonflikt geraten, da er seinem Arbeitgeber nicht schaden und seinen Arbeitsplatz nicht gefährden wollen wird.[412] Ein wirksamer Kontrollmechanismus ist der Datenschutzbeauftragte also nicht, er kann aber versuchen die Grundlage für einen verantwortungsvollen Umgang mit personenbezogenen Daten zu schaffen, indem er beispielsweise die Firmen auf mögliche Auskunftsersuchen von Betroffenen vorbereitet.

---

[410] *Pahlen-Brandt*, DuD 2007, 24, 25f.
[411] *Pahlen-Brandt*, DuD 2007, 24, 25f.
[412] Vgl. *Pahlen-Brandt*, DuD 2007, 24, 27; *Gola*, RDV 2010, 97, 100.

II. Die Aufsichtsbehörde, § 38 BDSG

Die Aufsichtsbehörde kontrolliert gem. § 38 BDSG die Ausführung des Bundesdatenschutzgesetzes sowie anderer datenschutzrechtlicher Vorschriften. Sie berät und unterstützt außerdem den Datenschutzbeauftragten und die verantwortliche Stelle mit Rücksicht auf deren typische Bedürfnisse.

Die von der Aufsichtsbehörde mit der Kontrolle beauftragten Personen sind nach § 38 Abs. 4 BDSG befugt, zur Erfüllung ihrer Aufgaben die Grundstücke und Geschäftsräume der verantwortlichen Stelle während der Betriebs- und Geschäftszeiten zu betreten und dort Prüfungen und Besichtigungen vorzunehmen. Der Auskunftspflichtige ist verpflichtet, diese Maßnahmen zu dulden. Darüber hinaus muss er der Aufsichtsbehörde auf Verlangen die erforderlichen Auskünfte unverzüglich erteilen.

Stellt die Aufsichtsbehörde einen Verstoß gegen die datenschutzrechtlichen Vorschriften fest, so ist sie befugt, die Betroffenen hierüber zu unterrichten, den Verstoß bei den für die Verfolgung und Ahndung zuständigen Stellen anzuzeigen und bei schwerwiegenden Verstößen die Gewerbeaufsichtsbehörde zur Durchführung gewerberechtlicher Maßnahmen zu unterrichten. Um auf die Einhaltung datenschutzrechtlicher Vorschriften hinzuwirken, kann die Aufsichtsbehörde außerdem Maßnahmen zur Beseitigung festgestellter Verstöße anordnen. Sollte die verantwortliche Stelle die Verstöße oder Mängel entgegen dieser Anordnung und trotz Verhängung eines Zwangsgeldes nicht in angemessener Zeit beseitigen und handelt es sich um schwerwiegende Verstöße oder Mängel, die das Persönlichkeitsrecht besonders gefährden, so kann die Aufsichtsbehörde die Erhebung, Verarbeitung oder Nutzung oder den Einsatz einzelner Verfahren untersagen. Die Aufsichtsbehörde kann außerdem den Datenschutzbeauftragten abberufen, wenn er die erforderliche Fachkunde oder Zuverlässigkeit nicht besitzt.

Die Aufsichtsbehörden haben also umfassende Möglichkeiten, auf den Datenumgang der Unternehmen einzuwirken. Ihre Befugnisse reichen deutlich weiter als die des Datenschutzbeauftragten.

III. Bußgeld – und Strafvorschriften, §§ 43, 44 BDSG

Um diese auch durchzusetzen, steht den Aufsichtsbehörden nach § 43 BDSG die Möglichkcit offen, Bußgelder zu verhängen und nach § 44 BDSG sind sie berechtigt, die Strafverfolgung von Verstößen zu beantragen.

§ 43 BDSG benennt eine Reihe von Tatbeständen, die bei vorsätzlichem oder fahrlässigem Handeln als Ordnungswidrigkeiten gelten. Dazu zählt u. a. wenn eine Auskunft an den Betroffenen entgegen § 33 Abs. 1 S. 1 BDSG nicht, nicht richtig, nicht vollständig oder nicht rechtzeitig erteilt wird. Ebenso das unbefugte Erheben oder Verarbeiten von personenbezogenen Daten, die nicht allgemein zugänglich sind, stellt bei Fahrlässigkeit oder Vorsatz eine Ordnungswidrigkeit dar. Diese können mit Bußgeldern bis zu 300.000 € bestraft werden, wobei die Geldbuße den wirtschaftlichen Vorteil übersteigen soll, den der Täter aus der Ordnungswidrigkeiten gezogen hat. Das heißt, der Betrag kann auch überschritten werden.

Werden z. B. die nicht allgemein zugänglichen, personenbezogenen Daten unbefugt erhoben oder verarbeitet und geschieht dies vorsätzlich gegen Entgelt oder in der Absicht, sich oder einen anderen zu bereichern oder einen anderen zu schädigen, kann dies gem. § 44 BDSG mit einer Freiheitsstrafe von bis zu zwei Jahren oder mit Geldstrafe bestraft werden. Solche Taten werden allerdings nur auf Antrag verfolgt. Neben der Aufsichtsbehörde sind ebenfalls antragsberechtigt: der Betroffene, die verantwortliche Stelle und der Bundesbeauftragte für Datenschutz und Informationsfreiheit.

Im Eingangs erwähnten Lidl-Fall sind in den unterschiedlichen Bundesländern gegen die einzelnen Vertriebsgesellschaften mehrere Bußgeldbescheide erlassen worden;

die Gesamtsumme belief sich zusammen auf rund 1,5 Mio. €.[413] *Thilo Weichert, Leiter des Unabhängigen Landeszentrums für Datenschutz Schleswig-Holstein kommentiert dies in einer Pressemitteilung wie folgt:*

"Dem Datenschutz wachsen Zähne. Die bisher geringen Sanktionen bei Datenschutzverstößen haben ihre Ursache in der vormals mangelnden Bereitschaft Staatsanwaltschaften und Gerichten, verhängte Bußgelder zu bestätigen, und im mit den Ermittlungen verbundenen immensen Aufwand bei schlechter personeller Ausstattung der Behörden. All diese Umstände beruhten darauf, dass Datenschutzverstöße bisher als Kavaliersdelikte betrachtet worden sind. U. a. die Verstöße bei Lidl haben nun in der Öffentlichkeit das Bewusstsein geschärft, dass es sich bei Datenschutzverstößen um eine besondere Form des illegalen Wirtschaftens, ja oft um besonders gesellschaftsschädliche Wirtschaftskriminalität handelt. Unsere Bußgelder gegen Lidl signalisieren, dass die Aufsichtsbehörden dem künftig Rechnung tragen werden. Hohe Bußgelder sind keine Abkehr vom Konzept des präventiven Datenschutzes, das im ULD mit Beratung, Ausbildung, Audit und Gütesiegel verfolgt wird. Es ist die zwangsläufige Ergänzung, adressiert an die, die unsere präventiven Angebote nicht annehmen."[414]

Dazu einige aktuellere Erfahrungen aus der Praxis der Aufsichtsbehörden: Das Bayrische Landesamt für Datenschutzaufsicht hat im Zeitraum 2011/2012 174 Verfahren wegen Ordnungswidrigkeiten eröffnet, wobei 39 Bußgeldbescheide über insgesamt ca. 37.000 € erlassen und drei Strafanträge gestellt wurden.[415] Die Verfahren bezogen sich unter anderem auf nicht erteilte Auskünfte an die Aufsichtsbehörde oder an den Betroffenen.[416] Auch das Unabhängige Landeszentrum für Datenschutz Schleswig Holstein bemängelt, dass Auskünfte ihm gegenüber oft lückenhaft waren und mehrfachen ausdrücklichen Nachfragens zur

---

[413] Süddeutsche.de v. 17.5.2010.
[414] ULD Schleswig-Holstein, PM v. 11.9.2008.
[415] BayLDA, 5. TB 2011/2012, 2.1.4, 12.
[416] BayLDA, 5. TB 2011/2012, 20.4, 97.

Vervollständigung und Richtigstellung bedurften.[417] In Fällen, in denen die Auskunft nicht oder nicht vollständig, richtig oder rechtzeitig erteilt wird, leitet diese Behörde daher i. d. R. Bußgeldverfahren ein.[418]

Diese Beispiele zeigen, dass die Aufsichtsbehörden ihre Sanktionsmöglichkeiten wahrnehmen, gleichzeitig aber auch Präventivstrategien verfolgen. Ob diese Bemühungen ausreichend sind und nicht auch der Einzelne aktiver werden muss, darf aufgrund der regelmäßig in den Medien diskutieren Fälle bezweifelt werden. Selbst große Firmen, die sehr wahrscheinlich die finanziellen und personellen Ressourcen zur Einhaltung des Datenschutzes bereitstellen könnten, tun dies nicht oder unzureichend. Werden diese Informationen auf kleine und mittlere Unternehmen übertragen, so lassen sich nur negative Bilanzen in Bezug auf Einhaltung des Datenschutzes ziehen. Dennoch muss sich vor Augen gehalten werden, dass diese Verstöße im jeweiligen Fall mit hohen Bußgeldern oder Strafen geahndet werden können und daher nicht zu unterschätzen sind. Dies setzt aber wiederum das Bekanntwerden eines Verstoßes voraus. Die Dunkelziffer der nicht erkannten und somit nicht gemeldeten Verstöße dürfte erheblich sein. Schließlich setzt dies auch das Interesse des Betroffenen an der Verwendung seiner Daten voraus und die Bereitschaft für den Schutz dieser zu handeln. Dazu dürfte oftmals das Risikobewusstsein fehlen.

J. Fazit

Wie (eingangs) dargestellt, wird das Rechtsgebiet des Beschäftigtendatenschutzes viel diskutiert und bekommt durch die aktuellen Datenskandale viel mediale Aufmerksamkeit. Diese könnte auf die Arbeit der Aufsichtsbehörden Einfluss gehabt haben, da die Behörden sowohl in Bayern als auch in Hamburg einen deutlichen Anstieg der Bußgeldverfahren verzeichneten.[419] Aus den Tätigkeitsberichten lassen sich leider keine Rückschlüsse darauf ziehen, wie die Verfahren begonnen haben, so

---
[417] ULD Schleswig-Holstein, 33. TB 2011, 5.8.10, 95.
[418] ULD Schleswig-Holstein, 33. TB 2011, 5.8.10, 95.
[419] BayLDA, 5. TB 2011/2012, 2.1.4, 12; HmbBfDI, 23. TB 2010/2011, IV.11, 197.

dass sich nicht prüfen lässt, ob nun aktivere Behörden oder wachsamere Betroffene mit einem besseren Bewusstsein für den persönlichen Datenschutz den Anstoß für diesen Anstieg gegeben haben. Die letztere Variante wäre besonders wichtig, denn die besten Vorschriften und Kontrollmechanismen nützen nichts, wenn es keine Bereitschaft des Betroffenen gibt, ihre Einhaltung einzufordern – denn: wo kein Kläger, da kein Richter.

Der Ansprung zeigt jedoch auch, dass die rechtlichen Vorschriften auf Seiten der verantwortlichen Stelle nicht ausreichend Beachtung finden und noch viel Aufklärungsbedarf besteht. Grundsätzlich bestehen zwar gesetzliche Regeln. Diese sind jedoch – wie aufgezeigt – teilweise unklar formuliert und lückenhaft, so dass die Regelungen für die verantwortliche Stelle nicht leicht überschaubar oder zugänglich sind.

Immer wieder ist es in der Vergangenheit Aufgabe der Rechtsprechung gewesen, die Vorschrift zu präzisieren oder zu ergänzen. Durch dieses Richterrecht werden in der rechtlichen Gesamtbetrachtung der gezielten Videoüberwachungsmaßnahmen von Beschäftigten verhältnismäßig klare Grenzen gezogen. Spätestens seit dem BAG-Urteil von Juni 2012 kann nicht mehr von (großen) Lücken in der Rechtsmaterie gesprochen werden. Doch für nur mäßig (datenschutz)rechtlich bewanderte verantwortliche Stellen dürfte es schwer zu überblicken sein, wie sie sich gesetzeskonform verhalten können oder welche Pflichten sie zu beachten haben bzw. welche Rechte dem Betroffenen zustehen. Eine Auswertung der Rechtsprechung kann von ihnen schließlich nicht verlangt werden.

Daher sind klare, *gesetzliche* Regelungen zwingend erforderlich, um Rechtssicherheit und –zugänglichkeit zu schaffen. Die Rechtsprechung sollte sich auf die Auslegung dieser in Einzelfällen konzentrieren und nicht wie beispielsweise bei den zusätzlichen Zulässigkeitsvoraussetzungen der heimlichen Videoüberwachung Rechtsfortbildung betreiben müssen.

Die Bundesregierung der letzten Legislaturperiode hatte sich vorgenommen, in diesem Bereich durch eine Gesetzesänderung explizite Regelungen zu schaffen. Eine solche Festschreibung der bisherigen Grundsätze wäre wünschenswert gewesen. Ob der damalige Entwurf der Bundesregierung dem gerecht geworden wäre, kann dahin gestellt bleiben, da er verworfen wurde.

Einer der Gründe dafür wird wohl die angekündigte EU-Datenschutz-Grundverordnung[420] gewesen sein. Durch eine Regelung auf europäischer Ebene wäre nach der BDSG-Novelle 2009 und einer angenommenen Änderung durch das BDSG-E binnen wenigen Jahren eine weitere Änderung der Rechtsmaterie entstanden. Eine solche Situation hätte zusätzliche Rechtsunsicherheit geschaffen. Arbeitgeber hätten u. U. immer wieder ihre internen Prozesse umstellen müssen und die Änderungen nur schwer überblicken können.

K. Ausblick auf die Datenschutz-Grundverordnung der EU

Der Kommissionsentwurf der EU-Datenschutz-Grundverordnung aus 2012 wurde lange kontrovers diskutiert und viele Änderungen wurden vorgenommen (und wieder verworfen), bis im Oktober 2013 schließlich der LIBE-Ausschuss des Parlaments zu einer Einigung kam.[421] Anfang Dezember 2013 tagte dann der Rat zu dem geänderten Entwurf. Die Justiz- und Innenminister Europas konnten sich jedoch in wichtigen Punkten, wie der Zuständigkeitsverteilung zwischen den nationalen Aufsichtsbehörden bei grenzüberschreitenden Sachverhalten, bisher nicht einigen.[422] Das wird den bisherigen Zeitplan verschieben: Ursprünglich sollte die Verordnung vor den Europawahlen im Mai 2014 verabschiedet werden.[423] Nun heißt es offiziell, der Rat könne sich Zeit nehmen, so dass nach der Zusammensetzung des neuen Parlaments im Juli die Verhandlungen wieder aufgenommen werden können.[424] Durch die Verschiebung der Mehrheiten im Parlament und die neue

---

[420] Kommission, Datenschutz-Grundverordnung v. 25.1.2012, KOM(2012) 11 endgültig.
[421] *Krempl*, heise online v. 21.10.2013.
[422] *Krempl*, heise online v. 7.12.2013.
[423] *Schmitz*, SPIEGEL ONLINE v. 6.12.2013.
[424] *Beuth*, ZEIT ONLINE v. 23.1.2014.

Zusammensetzung der Kommission kann es aber zu herben Rückschlägen beim bisher Erreichten kommen.[425]

Zur Videoüberwachung ist festzustellen, dass bisher keine (umfassende) Regelung Eingang in den Entwurf gefunden hat.[426] Art. 82 DS-GVO-E in der Parlamentsfassung[427] sieht jedoch vor, Mindeststandards für die Datenverarbeitung im Beschäftigungskontext zu setzen, über die hinaus der nationale Gesetzgeber tätig werden kann. Im Kommissionentwurf war zunächst unklar, ob es sich um Mindeststandards handeln oder ob es auch eine Höchstgrenze geben sollte, die nationalen Gesetzgebern verbietet, einen strengeren Maßstab anzulegen.[428] Auch klar gestellt wurde – gegenüber dem Kommissionsentwurf[429] – dass Kollektivvereinbarungen die Verordnung weiter spezifizieren können, sofern der nationale Gesetzgeber das zulässt. In den Parlamentsentwurf neu eingefügt worden sind ebenfalls eine strikte Zweckbindung der Datenverarbeitung an den ursprünglichen Erhebungsgrund sowie der notwendige Bezug zum Beschäftigungsverhältnis (Art. 82 Abs. 1a DS-GVO-E) und eine Beschränkung der Einwilligung des Beschäftigten als Grundlage für die Datenverarbeitung (Art. 82 Abs. 1b DS-GVO-E). Auf diese kann nur zurückgegriffen werden, wenn sie freiwillig erteilt wurde.

Art. 82 Abs. 1c DS-GVO-E legt darüber hinaus Mindeststandards für die verdeckte Arbeitnehmerüberwachung im Verdachtsfall von Straftaten oder anderen schwerwiegenden Pflichtverletzungen und die Videoüberwachung nicht öffentlich zugänglicher Räume fest. Die verdeckte Überwachung (ohne Kenntnis des Betroffenen) soll danach möglich sein, wenn der nationale Gesetzgeber dies zusammen mit angemessenen Löschfristen gesetzlich regelt. Die weiteren

---

[425] *Beuth*, ZEIT ONLINE v. 23.1.2014.
[426] Vgl. *Seifert*, DuD 2013, 650, 650.
[427] Die inoffizielle, konsolidierte Fassung vom 22.10.2013 ist auf Englisch auf der Webseite des Berichterstatters Jan Albrecht abrufbar: http://www.janalbrecht.eu/fileadmin/material/Dokumente/DPR-Regulation-inofficial-consolidated-LIBE.pdf.
[428] So verstanden haben es z. B. *Schüßler/Zöll*, DuD 2013, 639, 640.
[429] Vgl. zum Kommissionsentwurf *Schüßler/Zöll*, DuD 2013, 639, 641.

Voraussetzungen sind der Regelung in § 32 Abs. 1 S. 2 BDSG ähnlich, werden aber explizit auf schwerwiegende Pflichtverletzungen ausgedehnt. Ausdrücklich Eingang in den Entwurf gefunden hat der Grundsatz, dass Räume, die Mitarbeiter privat nutzen wie Sanitär-, Umkleide-, Ruhe- und Schlafräume, nicht videoüberwacht werden dürfen. Daraus lässt sich im Umkehrschluss folgern, dass andere nicht öffentlich zugängliche Räume durchaus videoüberwacht werden können. Eine heimliche Videoüberwachung soll aber entgegen den Ausführungen zur heimlichen Überwachung unter keinen Umständen möglich sein. Dies hatte auch schon § 32e Abs. 4 S. 1 Nr. 3 BDSG-E der Bundesregierung vorgesehen. Vor dem Hintergrund der BAG-Rechtsprechung, die zutreffend eine heimliche Überwachung sehr restriktiv zulässt, scheint das nicht verständlich.

Offiziell heißt es, die Verordnung sei noch in 2014 zu erwarten.[430] Danach wird der deutsche Gesetzgeber eventuell im Bereich des Beschäftigtendatenschutzes tätig werden. Ob die dann geltenden Regelungen ausgewogen sein werden, bleibt abzuwarten. Begrüßenswert wäre es, wenn sie sich an den bisherigen Erkenntnissen orientieren würden und bald Betroffenen und verantwortlichen Stellen Sicherheit und Klarheit gegeben werden könnte.

Doch auch dann wird sich dieses Rechtsgebiet nur als relevant erweisen, wenn das Bewusstsein für den Datenschutz und das informationelle Selbstbestimmungsrecht geschaffen wird. Schließlich wird ein Richter nur aktiv, wenn es einen Kläger gibt. Bisher scheint es – trotz der aktuellen Medienberichte und dem hohen Sanktionspotenzial – nicht besonders in das Bewusstsein von verantwortlichen Stellen und Betroffenen gerückt zu sein.

---

[430] *Beuth*, ZEIT ONLINE v. 23.1.2014.

Literaturverzeichnis

A

Amann, Susanne/Tietz, Janko, HANDEL, Auftrag von ganz oben, DER SPIEGEL vom 7.1.2013, Heft 2/2013, abrufbar unter: http://www.spiegel.de/spiegel/print/d-90438207.html [14.10.2013].

B

Bauer, Jobst-Hubertus/Schansker, Mareike, (Heimliche) Videoüberwachung durch den Arbeitgeber, Notwendige Maßnahme oder unzulässige Bespitzelung?, NJW 2012, 3537.

Bausewein, Christoph, Der sachliche Anwendungsbereich des BDSG im Beschäftigtendatenschutz, Reichweite des § 32 Abs. 2 BDSG, DuD 2011, 94.

Bayreuther, Frank, Videoüberwachung am Arbeitsplatz, NZA 2005, 1038.

BayLDA:
Bayrisches Landesamt für Datenschutzaufsicht, 5. Tätigkeitsbericht 2011/2012, abrufbar unter: http://www.lda.bayern.de/lda/datenschutzaufsicht/lda_daten/dsa_Taetigkeitsbericht20112012.pdf.

BeckOK, Datenschutzrecht:
Wolff, Heinrich Amadeus/Brink, Stefan (Hrsg.), Beck'scher Online-Kommentar, Datenschutzrecht, 5. Auflage, München 2013.

Bergwitz, Christoph, Prozessuale Verwertungsverbote bei unzulässiger Videoüberwachung, NZA 2012, 353.

Bergwitz, Christoph, Verdeckte Videoüberwachung weiterhin zulässig, NZA 2012, 1205.

Berliner DSB:
Berliner Beauftragter für Datenschutz und Informationsfreiheit, Datenschutz und Informationsfreiheit, Bericht 2012, abrufbar unter: http://www.datenschutz-berlin.de/content/veroeffentlichungen/jahresberichte.

Beuth, Patrick, EU-KOMMISSION, Reform des EU-Datenschutzes ist erst einmal abgesagt, ZEIT ONLINE vom 23.1.2014, abrufbar unter: http://www.zeit.de//digital/datenschutz/2014-01/datenschutzreform-nicht-mehr-vor-europawahl [24.1.2014].

Biermann, Kai, INTERNETSICHERHEIT, PayPal musste von Leck erst überzeugt werden, ZEIT ONLINE vom 18.9.2013, abrufbar unter: http://www.zeit.de/digital/datenschutz/2013-09/paypal-internetwache-sicherheitsleck [14.10.2013].

Brandt, Jochen, Betriebsvereinbarungen als datenschutzrechtliche „Öffnungsklauseln"?, DuD 2010, 213.

Byers, Philipp/Pracka, Joanna, Die Zulässigkeit der Videoüberwachung am Arbeitsplatz, BB 2013, 760.

C

CORPORATE TRUST Business Risk & Crisis Management GmbH, Studie: Industriespionage 2012, Aktuelle Risiken für die deutsche Wirtschaft durch Cyberwar, abrufbar unter: http://docs.dpaq.de/703-120423_-_studie_industriespionage_2012.pdf [15.10.2013].

D

Däubler, Wolfgang/Hjort, Jens Peter/Schubert, Michael/Wolmerath, Martin (Hrsg.), Arbeitsrecht, Individualarbeitsrecht mit kollektivrechtlichen Bezügen, 3. Auflage, 2013.

Duhr, Elisabeth/Naujok, Helga/Peter, Martina/Seiffert, Evelyn, Neues Datenschutzrecht für die Wirtschaft, Erläuterungen und praktische Hinweise zu § 1 bis § 11 BDSG, DuD 2002, 5.

Dzida, Boris/Grau, Timon, Verwertung von Beweismitteln bei Verletzung des Arbeitnehmerdatenschutzes, NZA 2010, 1201.

E

Erbs, Georg/Kohlhaas, Max/Ambs, Friedrich (Hrsg.), Beck'sche Kurzkommentare, Strafrechtliche Nebengesetze, 196. Ergänzungslieferung, München 2013 – zitiert als „Erbs/Kohlhaas".

ErfK ArbR:
Dietrich, Thomas/Hanau, Peter/Schaub, Günter, Beck'sche Kurzkommentare, Erfurter Kommentar zum Arbeitsrecht, 14. Auflage, München 2014.

F

Fischer, Thomas, Die zivilrechtliche Durchsetzung des Auskunftsanspruchs aus § 34 BDSG, RDV 2012, 230.

Fischer, Ulrich, Prozessuales Verwertungsverbot für mitbestimmungswidrig erlangte Beweismittel, BB 1999, 154.

Fraenkel, Reinhard/Hammer, Volker, Rechtliche Löschvorschriften, DuD 2007, 899.

G

Gola, Peter, Materielle und formelle Stärkung des Arbeitnehmerdatenschutzes, RDV 2010, 97.

Gola, Peter/Klug, Christoph/Körffer, Barbara/Schomerus, Rudolf, BDSG, Bundesdatenschutzgesetz, 11. Auflage, 2012.

Grill, Markus/Arnsperger, Malte, Bespitzelung bei Lidl Der Skandal, der die Republik erschütterte, stern.de vom 15.12.2008, abrufbar unter: http://www.stern.de/wirtschaft/news/unternehmen/bespitzelung-bei-lidl- | der-skandal-der-die-republik-erschuetterte-649156.html [14.10.2013].

Grimm, Detlef/Schiefer, Jennifer, Videoüberwachung am Arbeitsplatz, RdA 2009, 329.

Grosjean, Sascha, Überwachung von Arbeitnehmern – Befugnisse des Arbeitgebers und mögliche Beweisverwertungsverbote, DB 2003, 2650.

H

HmbBfDI:
Der Hamburgische Beauftragte für Datenschutz und Informationsfreiheit, 23. Tätigkeitsbericht 2010/2011, abrufbar unter: http://www.datenschutz-hamburg.de/fileadmin/user_upload/documents/ 23._Taetigkeitsbericht_Datenschutz_2010-2011.pdf [24.1.2014].

Hoss, Dennis, Auskunftsrecht des Betroffenen aus § 34 Abs. 1 BDSG in der Praxis: wirksames Instrument oder zahnloser Tiger?, RDV 2011, 6.

J

Jahn, Joachim/Budras, Corinna, Gesetz zum Datenschutz in Unternehmen, Arbeitnehmer dürfen nicht mehr heimlich gefilmt werden, Frankfurter Allgemeine Zeitung vom 12.1.2013, abrufbar unter: http://www.faz.net/aktuell/wirtschaft/gesetz-zum-datenschutz-in-unternehmen-arbeitnehmer-duerfen- | nicht-mehr-heimlich-gefilmt-werden- | 12022216.html [14.10.2013].

Jahn, Joachim, Datenschutz für Arbeitnehmer, Koalition stoppt Reform, Frankfurter Allgemeine Zeitung vom 29.1.2013, abrufbar unter: http://www.faz.net/aktuell/wirtschaft/datenschutz-fuer-arbeitnehmer- | koalition-stoppt-reform-12043652.html [14.10.2013].

K

Kamp, Meike/Rost, Martin, Kritik an der Einwilligung, Ein Zwischenruf zu einer fiktiven Rechtsgrundlage in asymmetrischen Machtverhältnissen, DuD 2013, 80.

Kilian, Wolfgang/Heussen, Benno (Hrsg.), Computerrechts-Handbuch, Informationstechnologie in der Rechts- und Wirtschaftspraxis, 32. Ergänzungslieferung, München 2012.

Krempl, Stefan, EU-Parlament gibt grünes Licht für Datenschutzreform, heise online vom 21.10.2013, abrufbar unter: http://www.heise.de/newsticker/meldung/EU-Parlament-gibt-gruenes-Licht-fuer-Datenschutzreform-1983124.html [3.1.2014].

Krempl, Stefan, Keine Einigung auf EU-Datenschutzreform im EU-Rat, heise online vom 7.12.2013, abrufbar unter: http://www.heise.de/newsticker/meldung/Keine-Einigung-auf-EU-Datenschutzreform-im-EU-Rat-2062360.html [24.1.2014].

L

Lang, Markus, Private Videoüberwachung im öffentlichen Raum, Eine Untersuchung der Zulässigkeit des privaten Einsatzes von Videotechnik und der Notwendigkeit von § 6b BDSG als spezielle rechtliche Regelung, Hamburg 2008 – zitiert als „Videoüberwachung".

Lunk, Stefan, Prozessuale Verwertungsverbote im Arbeitsrecht, NZA 2009, 457.

M

MAH IT-Recht:
Leupold, Andreas/Glossner, Silke (Hrsg.), Münchner Anwaltshandbuch, IT-Recht, 3. Auflage, München 2013.

Maschmann, Frank, Compliance versus Datenschutz, NZA-Beilage 2012, 50.

Maschmann, Frank, Zuverlässigkeitstests durch Verführung illoyaler Mitarbeiter?, NZA 2002, 13.

Maties, Martin, Arbeitnehmerüberwachung mittels Kamera?, NJW 2008, 2219.

Münchner Handbuch ArbR:
Richardi, Reinhard/Wißmann, Hellmut/Wlotzke, Ottfried/Oetker, Hartmut (Hrsg.), Münchner Handbuch zum Arbeitsrecht, Band 1, 3. Auflage, München 2009.

MüKo ZPO:
Rauscher, Thomas/Wax, Peter/Wenzel, Joachim (Hrsg.), Münchener Kommentar zur Zivilprozessordnung mit Gerichtsverfassungsgesetz und Nebengesetzen, Band 1, 4. Auflage, München 2013.

P

Pahlen-Brandt, Ingrid, Sind Datenschutzbeauftragte zahnlose Papiertiger?, DuD 2007, 24.

R

Richardi, Reinhard (Hrsg.), Betriebsverfassungsgesetz mit Wahlordnung, 14. Auflage, München 2014 – zitiert als: Richardi, BetrVG.

Rolf, Christian/Stöhr, Christian, Datenerhebung im Arbeitsverhältnis und Beweisverwertung – Überlegungen im Hinblick auf die Neugestaltung des Datenschutzes, RDV 2012, 119.

Roßmann, Ray, Grundlagen der EDV-Mitbestimmung, Ansätze eines kollektiv-rechtlichen Datenschutzrechts, DuD 2002, 286.

Roßnagel, Alexander/Desoi, Monika/Hornung, Gerrit, Gestufte Kontrolle bei Videoüberwachungsanlagen, Ein Drei-Stufen-Modell als Vorschlag zur grundrechtsschonenden Gestaltung, DuD 2011, 694.

S

Sagatz, Kurt, Cyberangriff auf Vodafone, Bankdaten von zwei Millionen Kunden gestohlen, DER TAGESSPIEGEL vom 12.9.2013, abrufbar unter: http://www.tagesspiegel.de/medien/digitale-welt/cyberangriff-auf-vodafone-bankdaten-von-zwei-millionen-kunden-gestohlen/8778166.html [14.10.2013].

Schmidt, Bernd, Beschäftigtendatenschutz in § 32 BDSG, Perspektiven einer vorläufigen Regelung, DuD 2010, 207.

Schmitz, Gregor Peter, EU-Reform: Deutschland blockiert Datenschutzreform, SPIEGEL ONLINE vom 6.12.2013, abrufbar unter: http://www.spiegel.de/netzwelt/netzpolitik/eu-reform-datenschutz-muss-weiter-warten-a-937656.html [3.1.2014].

Schüßler, Lennart/Zöll, Oliver, EU-Datenschutz-Grundverordnung und Beschäftigtendatenschutz, DuD 2013, 639.

Seifert, Bernd, Neue Regeln für die Videoüberwachung?, Visuelle Kontrolle im Entwurf der EU-Datenschutz-Grundverordnung, DuD 2013, 650.

Simitis, Spiros (Hrsg.), Bundesdatenschutzgesetz, 7. Auflage, 2011 – zitiert als: Simitis, BDSG.

SPIEGEL ONLINE, Discounter, Penny-Mitarbeiter mit Kameras bespitzelt, vom 29.4.2013, abrufbar unter: http://www.spiegel.de/wirtschaft/unternehmen/penny-mitarbeiter-mit-kameras-bespitzelt-a-897252.html [14.10.2013].

Staudinger, Julius von, Kommentar zum Bürgerlichen Gesetzbuch mit Einführungsgesetz und Nebengesetzen, Eckpfeiler des Zivilrechts, München, 2012 – zitiert als: Staudinger, BGB, Eckpfeiler des Zivilrechts.

Süddeutsche.de, Lidl muss zahlen, Millionen-Strafe für die Schnüffler, vom 17.5.2010, abrufbar unter: http://www.sueddeutsche.de/wirtschaft/lidl-muss-zahlen-millionen-strafe-fuer-die-schnueffler-1.709085, [30.12.2013].

T

Thüsing, Gregor/Frost, Gerrit/Granetzny, Thomas/Schorn, Wolfgang, Arbeitnehmerdatenschutz und Compliance, Effektive Compliance im Spannungsfeld von reformiertem BDSG, Persönlichkeitsschutz und betrieblicher Mitbestimmung, 1. Auflage, München 2010 – zitiert als: Thüsing, Arbeitnehmerdatenschutz und Compliance.

Tinnefeld, Marie-Theres/Petri, Thomas/Brink, Stefan, Aktuelle Fragen um ein Beschäftigtendatenschutzgesetz, Eine erste Analyse und Bewertung, MMR 2010, 727.

U

ULD:
Unabhängiges Landeszentrum für Datenschutz Schleswig-Holstein, 26. Tätigkeitsbericht 2004, abrufbar unter: https://www.datenschutzzentrum.de/material/tb/tb26/ [26.10.2013].

ULD:
Unabhängiges Landeszentrum für Datenschutz Schleswig-Holstein, 33. Tätigkeitsbericht 2011, abrufbar unter: https://www.datenschutzzentrum.de/material/tb/tb33/ uld-33-taetigkeitsbericht-2011.pdf [28.12.2013].

ULD:
Unabhängiges Landeszentrum für Datenschutz Schleswig-Holstein, 34. Tätigkeitsbericht 2013, abrufbar unter: https://www.datenschutzzentrum.de/material/tb/tb34/index.htm [26.10.2013].

ULD:
Unabhängiges Landeszentrum für Datenschutz Schleswig-Holstein, Pressemitteilung vom 11.9.2008, „Dem Datenschutz wachsen Zähne"

1,462 Mio. Euro Bußgelder gegen Lidl-Gesellschaften, abrufbar unter: https://www.datenschutzzentrum.de/presse/20080911-lidl-bussgeldverfahren.html [30.12.2013].

W

Winkler, Thomas, Vertrauenswürdige Videoüberwachung, Sichere intelligente Kameras mit Trusted Computing, DuD 2011, 797.

Z

Ziegler, Jochen, Das Hausrecht als Rechtfertigung einer Videoüberwachung, Zum Begriff des Hausrechts in § 6b Abs. 1 BDSG, DuD 2003, 337.

Zilkens, Martin, Videoüberwachung, Eine rechtliche Bestandsaufnahme, DuD 2007, 279.

Buy your books fast and straightforward online - at one of the world's fastest growing online book stores! Environmentally sound due to Print-on-Demand technologies.

Buy your books online at
www.get-morebooks.com

Kaufen Sie Ihre Bücher schnell und unkompliziert online – auf einer der am schnellsten wachsenden Buchhandelsplattformen weltweit!
Dank Print-On-Demand umwelt- und ressourcenschonend produziert.

Bücher schneller online kaufen
www.morebooks.de

OmniScriptum Marketing DEU GmbH
Heinrich-Böcking-Str. 6-8
D - 66121 Saarbrücken
Telefax: +49 681 93 81 567-9

info@omniscriptum.de
www.omniscriptum.de

Druck:
Canon Deutschland Business Services GmbH
im Auftrag der KNV-Gruppe
Ferdinand-Jühlke-Str. 7
99095 Erfurt